사회복지사가
꿈꾸는
사회복지

일러두기

1. 단행본과 잡지는 《 》로, 논문과 신문 기사, 영화 등은 〈 〉로 표기했습니다.
2. 국내에 번역·출간된 단행본이나 논문은 번역 제목에 원제를 병기하고,
   출간되지 않은 단행본이나 논문은 원제에 번역 제목을 병기했습니다.

사회복지사가 꿈꾸는 사회복지

송장희 지음

현직 사회복지사가 전하는
대한민국 사회복지의 현실과
희망의 메시지!

황소걸음
Slow & Steady

들어가는 글

나는 15년 차 사회복지사다. 자랑할 일은 아니지만, 나는 사회복지 일을 두 번 그만뒀다. 무슨 미련이 남아서 한 번 그만둔 일에 돌아와 남사스러운 이력을 남겼을까 싶다. 그렇다고 후회하진 않는다. 처자식이 딸린 처지라 먹고사는 문제에서 자유롭지 못해도 불합리한 현실을 모른 체하기 부끄러웠고, 사회복지 본래의 가치와 철학을 찾고 싶었다. 사람을 향한 희망의 끈도 끝까지 놓고 싶지 않았다.

사회복지와 인연의 시작

나는 대학에서 통계학을 공부했다. 통계학을 전공하는 학생들은 졸업하면 취업할 곳이 많지 않다. 그래서 취업 경쟁력을 높이느라 대개 복수 전공을 한다. 나는 취업도 취업이지만 부모님이 힘들게 농사지어 보내주신 등록금이 아까워서, 하나라도 더 배워야겠다는 생각으로 복수 전공을 했다. 친구들은 대부분 경영학과를 선택하는데 나는 사회복지학과를 선택했다. 친구들은 의아해했고 교수님은 걱정하셨다. 당시 사회복지학과는 다소 생소했고 사회복지사 월급도 많지 않았다.

대학 졸업 후 리서치 회사에 입사했지만 한국사회복지협의회에 지원서를 냈다. 얼핏 사회복지 분야에서 뭔가 중요한 정책을 논의하고 협의하는 곳처럼 보였기 때문이다. 무엇보다 채용 공고에 '통계 가능자 우대'라는 조건이 있었다. 그렇게 사회복지에 첫발을 내디뎠다.

그곳에서 만난 사회복지 기관 사람들은 대부분 경력이 20년쯤 되는 관리자급이었다. 통계와 관련된 일은 거의 없어도 여러 분야 사회복지사 선배들에게 많은 이야기를 들을 수 있어 좋았다. 하지만 나 같은 햇병아리가 무슨 정책을 연구하고, 경력이 20년이나 되는 선배들과 무슨 협력을 할 수 있겠나 싶었다. 생각이 어느 정도 정리됐을 때 조용히 사직서를 냈다. 3년 만이었다.

첫 번째 사회복지 일을 그만두다

한국사회복지협의회에 사직서를 냈지만 일을 그만두고 싶진 않았다. 진정한 사회복지를 경험하고 처음부터 일을 차근차근 배우기에 사회복지관만 한 데가 없겠다 싶어 노인복지관에 취업했다. 65세가 넘은 할아버지 할머니가 매일매일 드나드는 시설이라, 사람 냄새가 나고 활기가 넘쳤다. 많은 직원이 여러 팀으로 나눠 다양한 사업을 수행했다. 수천 명이 모이는 행사도 거뜬히 치르는, 지역사회에서 꽤 알려진 복지관이었다.

1년이 지났다. 연중 계획을 세워 작년에 한 사업을 다시 수행했다. 복지관에 찾아오는 할아버지 할머니도 1년 전과 같은 분들이었다. 수천 명이 모이는 행사는 그해에 더 크고 새롭게 기획해야 했다. 어쩌다 시청에서 새로운 지침이 내려오면 거기에 맞춰 군말 없이 일을 처리하면 됐다.

대개 사회복지관은 소외된 이웃을 돕고, 도움이 필요한 사람들이 오는 곳으로 알고 있다(나도 그랬다). 실제로 근무해보니 그런 일은 일부일 뿐이고, 여유 있는 할아버지 할머니가 취미 생활을 즐기러 오는 곳이 복지관이다. 정말 몸이 불편하고 생활이 어려운 사람들은 사회복지가 뭔지, 복지관이 어디에 있는지조차 모르는 게 현실이다.

복지관에서 일하는 사회복지사는 '갑질' 하는 공무원의 눈치를 보고, 명절과 국경일에 맞춰 군중을 모으는 행사를 기획해서 정치인의 비위를 맞추느라 바빴다. 그러다 진짜 사회복지는 언제 하나 싶었다. 그렇게 7년을 살았다. 두 번이나 승진해서 일이 어느 정도 편해질 무렵, 나는 사직서를 냈다. 사회복지에 입문한 지 10년 만의 일이었다. 그리고 다시는 사회복지사로 살지 않겠다고 마음먹었다.

내가 사회복지 일을 그만둔다고 했을 때 주변 사람들이 놀랐다. 아무런 예고 없이 사직서를 냈으니 놀랄 만했지만, 그보다 10년 차 간부에 처자식을 둔 가장이 대책 없이 직장을 그만두는 걸 의

아해했다. 그때는 조용히 떠나는 게 남은 사람들에 대한 예의라 생각했다. 이제 와 고백하건대, 내가 일을 그만둔 이유는 앞으로 살아갈 10년은 사회복지사로 지내온 지난 10년처럼 살고 싶지 않았기 때문이다. 이것이 사회복지인가? 사회복지사가 이래도 되는가? 사회복지사가 주민이 아니라 공무원과 정치인을 위해 일하는 게 과연 옳은가? 아닌 걸 알면서도 계속 그렇게 살아간다는 건 자신에게 너무나 부끄러웠다.

사회복지사로 두 번째 삶의 시작

사회복지관을 그만두고 나는 잠시 경영 컨설턴트가 됐다. '이럴 줄 알았으면 교수님 말씀대로 경영학과를 복수 전공할걸' 하는 생각도 들었다. 그나마 주 전공인 통계학이 컨설턴트 일을 하는 데 많은 도움이 됐다. 밤낮도 주말도 없이 일해 몸은 힘들지만, 성과를 낸 만큼 보상이 따랐다. 사회복지사로 일할 때와 분명한 차이였다.

　새로운 일과 생활에 적응할 무렵, 전화를 받았다. 제주도에 내려와 새로운 복지사업을 추진해보라는 제안이었다. 전례가 없는 사회복지사업이라 나 같은 현실 부적응자가 맡으면 딱 좋을 거라며 한껏 부추겼다. 새로운 사회복지? 그것도 제주도에서? 고민은 길지 않았다. 얼마 뒤 제주도로 가는 비행기를 탔다.

　다시는 사회복지사로 살지 않겠다고 다짐한 지 석 달 만이었다. 그나마 새로 시작한 곳이 제주도여서 예전 동료들 보기에 민망할 일은 면했다. 내가 싱거운 놈이 되는 걸 무릅쓰고 다시 사회복지사가 된 이유는 새로운 사회복지 시대를 열지도 모르는, 아무도 하지 않은 도전이었기 때문이다. 나는 그 사업에 실무 책임자였다. 우리나라 사회복지계가 제주도의 시범 사업을 관심 있게 지켜봤다. 부담스럽지만 한번 해볼 만하다고 생각했다. 지금까지 비효율적이고 불합리하다고 느낀 것을 모두 버리고 새로운 방식으로 복지관을 운영해보자는 생각이었다.

제주도에서 추진한 '가상 복지관 시범 사업'은 복지관 건물을 짓지 않고 스마트 워크smart work 기술을 업무에 활용하는 게 핵심이었다. 이름도 스마트복지관으로 지었다. 복지관 이름에 걸맞게 일도 스마트하게 하면 됐다. 전국에서 사회복지사와 교수, 학생, 공무원, 정치인이 하루가 멀다고 찾아왔다. 사회복지를 이렇게 할 수도 있구나. 그래, 이게 바로 사회복지지. 하루하루 시간이 지날수록 스마트복지관에 확신이 생겼다.

두 번째 사회복지 일을 그만두다

스마트복지관은 시범 사업 기간 3년이 끝나고 문을 닫았다. 성과가 좋으면 정책을 보완해서 계속 발전시키고 아니면 과감히 접는 게 시범 사업을 하는 목적이지만, 스마트복지관 시범 사업은 이해할 수 없는 이유로 끝나고 말았다. 사회복지사도 주민도 스마트복지관이 지속되길 바랐지만, 종전 사회복지관 관장들이 반대하고 나섰다. 사회복지관이 스마트복지관처럼 일할 필요가 있지만, 법도 규정도 없는 스마트복지관을 더 운영해선 안 된다고 했다. 시범 사업은 어이없이 끝났고, 나의 거취 문제가 남았다. 제주도에 내려올 때처럼 고민은 오래 걸리지 않았다. 나는 사회복지 일을 두 번째로 그만뒀다.

나는 여전히 제주도에 산다. 스마트복지관에 미련이 남았거나 제주가 좋아서는 아니다. 이곳에서 하는 백수 생활은 나쁘지 않았다. 집 앞이 바닷가라 생전 처음 낚시도 해보고, 실컷 자고, 책도 읽고, 글도 쓰면서 사회복지사로 살아온 지난 15년을 돌아보며 휴식 같은 시간을 보냈다.

복지 세상을 위한 꿈

이 책은 그렇게 탄생했다. 노인복지관에 다닐 때부터 틈틈이 쓴 글과 백수 생활 중에 쓴 글을 모았다. 사회복지사로 살아온 개인의 이야기지만, 곱씹어 읽다 보면 우리가 몰랐던 사회복지에 관한 이야기다. 사회복지사만 아는 부끄러운 사회복지 현실에 관한 이야기이자, 잃어버린 사회복지 철학과 모두가 꿈꾸는 사회복지의 미래에 관한 이야기다.

이 책을 읽고 공감하는 사람도 있겠지만, 마음 한구석이 찔리거나 버럭 화를 내는 사람도 있을 것 같다. 내 생각에 공감해준 사람들은 주어진 현실에 안주하지 말고 사회복지의 가치와 철학을 되새기며 실천해갔으면 좋겠다. 공감하지 못하는 사람은 1부를 천천히 다시 읽고 하늘을 한 번 올려다보기 바란다.

이 책을 통해 잘 몰랐던 사회복지를 이해하고, 진정한 사회복지가 무엇인지 고민하고, 관심을 가지는 계기가 됐다는 분이 조금이라도 많아지면 좋겠다. 그래서 모두가 함께 꿈꾸는 복지 세상을 만들면 더할 나위 없겠다. 마지막으로 나의 결정을 언제나 믿고 힘이 돼주는 사랑하는 아내 지영이, 작가가 꿈인 우리 딸 서연이, 항상 살아가는 데 든든한 버팀목이 돼주시는 양가 부모님께 감사한 마음을 전하고 싶다.

제주도 하귀 바닷가에서
송장희

PART 2

사회복지사는 누구인가?

PART 3

사회복지관은 어디에 있나?

PART 4

사회복지사만 아는 사회복지

PART 5

사회복지사가 꿈꾸는 사회복지

사회복지란
무엇인가?

1

PART

어느 날 사회복지가
내게 묻다

'사회복지란 무엇인가?' 요즘 내 머릿속을 꽉 채운 정말 쓰잘머리 없는 생각이다. 마치 사춘기에 '나는 누구인가?'라는 질문처럼. 잘 다니던 복지관을 그만두고 나서 점점 더 심해지는 것 같다. 단순히 사회복지를 지식으로 갈망하는 수준을 넘어, 어느 날 문득 사회복지가 내게 말을 걸어왔다고 해야 할까?

그래서 사회복지란 과연 무엇인가? 이 질문은 사회복지사에게 아주 철학적으로 들린다. 사람들은 '철학'이라고 하면 소크라테스 Socrates 같은 고대 철학자를 떠올리며 고리타분하고 골치 아픈 것으로 생각한다. 먹고살기도 바빠 죽겠는데 왠지 배부른 소리처럼 들리기도 한다. 그러고 보니 나도 사회복지 일을 하면서 언제 한 번 철학을 진지하게 생각해본 적이 있었나 싶다. 불행인지 다행인지 코로나19 때문에 바깥출입이 어려운 시기라, 평소 고민해보지 못한 '사회복지사의 철학'에 대해 깊이 생각하게 됐다.

인간은 철학을 통해 종전 지식에 끊임없이 새로운 문제를 제기하고 역사를 발전시켰다. 그런 의미에서 철학은 지식에 대한 반성이기도 하다. 마찬가지로 사회복지 철학은 사회복지의 진리를 탐구하기 위해 알고 있는 사회복지의 역사와 지식, 경험에 대한 자기반성이라고 보면 되겠다. 그리고 사회복지사가 사회현상에 끊임없이 새로운 문제를 제기하고 반성하는 태도를 사회복지사의 철학적 자세쯤으로 생각하면 되겠다. 철학이 있는 사회복지사라면 주어진 상황에 끊임없이 의문을 품고 질문해야 한다.

그렇다면 사회복지사는 어떤 질문을 해야 할까? 칸트Immanuel Kant가 제시한 철학의 영역을 결정하는 네 가지 질문을 살펴보면 이해하기 쉽다. 칸트의 질문은 '나는 무엇을 알 수 있을까?' '나는 무엇을 해야 하는가?' '내가 바랄 수 있는 것은 무엇인가?' '인간이란 무엇인가?'이다. 이 질문을 사회복지 관점에서 다시 정리해보자. '사회복지사는 무엇을 알 수 있을까?'는 사회복지사의 지성이 아니라 이성의 한계에 대한 질문이다. '사회복지는 무엇을 해야 하는가?'는 사회복지사의 행위나 실천 목표를 결정하는 질문이다. '사회복지사가 바랄 수 있는 것은 무엇인가?'는 사회복지사의 신념이나 가치 기준을 판단하는 질문이다. 이 세 가지 질문은 '사회복지란 무엇인가?'로 축약할 수 있다.

칸트의 사상은 자신이란 존재의 한계를 명확히 하는(자기반성) 데서 출발해 '인간이란 무엇인가?'로 귀결된다. 사회복지사의 철학도 마찬가지다. 사회복지사가 자신의 한계를 명확히 하는 충동에서 사회복지의 진리를 탐구하는 동기를 마련하고, 궁극적으로 '(그러면) 나는 (사회복지사로서) 어떻게 살아갈까?'에 도달하는 것이다. 이 정도 되면 우리가 왜 일상에서 철학 없이 사는지 알 듯도 하다. 그렇지만 올바른 철학을 갖고 일하는 것이 얼마나 중요한지 일화를 통해 알아보자.

한국계 미국인 로봇공학자 데니스 홍Dennis Hong 이야기다. 그는 현재 캘리포니아대학교 로스앤젤레스캠퍼스University of California, Los Angeles, UCLA 기계공학과 교수이자 로봇메커니즘연구소Robotics and Mechanisms Laboratory, RoMeLa 소장이다. 로봇 연구에서 천재 과학자로 찬사를 받는 데니스 홍이 로봇을 만드는 근본적인 철학을 바꾼 계기가 있다고 한다.

어느 날 세계시각장애인협회에서 시각장애인을 위한 자동차대회를 개최한다는 연락이 왔다. 그는 무인 자동차 개발을 끝낸 상태였기에, 그 자동차에 시각장애인을 태우고 출전하면 된다고 쉽게 생각했다. 대회가 열린 날, 그는 인생에서 가장 충격적인 일을 겪는다. 알고 보니 그 대회는 무인 자동차에 시각장애인을 태우고 다니는 게 아니라 시각장애인이 직접 운전하는 경주였다. 순간 그는 눈앞이 캄캄했다.

무인 자동차에 타기만 해도 원하는 장소로 갈 수 있는데, 시각장애인이 왜 위험하게 직접 운전하려고 하는지 의문이 들었다. 주변에서도 걱정하는 마음에 그의 연구를 끈질기게 말렸다고 한다. "앞을 못 보는 사람이 어떻게 운전을 할 수 있느냐? 불가능한 일에 시간 낭비하지 말고 가능한 걸 해라" "시각장애인용 차를 만들어 봤자 팔리지도 않고 돈도 안 될 텐데 왜 쓸데없이 고생을 하느냐?

차라리 돈 되는 일을 해라"…. 사람들은 시각장애인이 운전하는 자동차 연구가 무모한 일이라며 폄훼했다. "앞을 못 보는 사람들이 위험하게 무슨 운전을 하느냐? 그냥 집에 있어야지"라고 말하는 사람도 있었다고 한다.

데니스 홍은 걱정하는 사람들의 말에 잠깐 혼란스러웠지만, 이내 생각을 고쳐먹고 시각장애인용 자동차 연구를 포기하지 않았다. 시각장애인도 나와 똑같은 사람이고, 앞을 보지 못할 뿐 나와 똑같은 꿈이 있고, 똑같은 행복을 누릴 권리가 있다는 걸 깨달았기 때문이다.

어느 화창한 봄날, 데니스 홍은 드디어 수많은 관중이 지켜보는 가운데 시각장애인용 자동차 주행 테스트를 마쳤다. 조금 서툴렀지만 앞을 전혀 보지 못하는 시각장애인이 자신이 개발한 차를 직접 운전해서 골인 지점을 통과할 때, 그는 시각장애인과 함께 감격의 눈물을 흘렸다. 그날 데니스 홍은 운전한 시각장애인의 모습에서 가장 아름다운 미소를 봤다고 한다.

"컴퓨터가 시키는 대로 움직이면 인간은 진정한 자유를 누릴 수 없다." 시각장애인 자동차대회를 계기로 로봇을 연구하는 그의 철학이 백팔십도 바뀌었다. 그는 지금도 그때 일을 기억하면서 로봇으로 소외된 사람을 행복하게 만들 수 있다는 철학을 가지고 연구에 매진하고 있다.

데니스 홍의 이야기는 사람이 어떤 철학을 가지고 일하느냐에 따라 그 결과가 얼마든지 달라질 수 있다는 걸 보여준다. 그가 돈이나 자기 이익을 위해 로봇을 만들었다면 결말은 별 볼 일 없었을 것이다. 그는 일상에서 우연한 계기로 얻은 철학적 자기반성을 통해 로봇 연구의 진리에 한 걸음 더 다가갔다.

사회복지사로 살아가는 우리 모습은 어떤가? 사회복지학을 전공한 사회복지사라면 '사회복지 윤리와 철학'이 익숙한 표현일 텐데, 최근 일어나는 사회복지 이슈를 보면 사회복지 현장은 윤리와 철학이라는 말이 무색할 정도로 혼돈 그 자체다. 절대적이고 보편적이며 불변하는 것이 진리의 속성일 텐데, 사회복지 정책은 정권이 바뀔 때마다 손바닥 뒤집듯 바뀐다. 있는지 없는지도 모를 사회복지 철학이 정치적 진영 논리에 휩쓸려 달리 해석되거나 왜곡되기도 하고, 누군가는 겉으로 복지를 말하면서 뒤로 사리사욕을 채우는 데 급급하다. 사회복지사의 철학적 자세도 누가 어떤 생각으로 만들었는지 모르는 매뉴얼을 맹목적으로 따라야 하는 것이 이 바닥의 진리가 됐다.

그렇다고 사회복지사가 자기반성을 잘하는 것도 아니다. 콧대는 또 얼마나 높은가. 간혹 철학이 있다는 사회복지사가 그럴싸한 논리로 현실을 비판하고 문제를 제기하면 괴짜라고 핀잔 듣기 일쑤고, '관종' 취급받거나 현실 부적응자로 낙인찍혀 조직에서 왕따 당하지 않으면 다행이다. 그래서 더더욱 사회복지사의 철학은 먹고사는 데 아무런 도움이 되지 않는다고 치부하는 모양이다. 이런 식이면 앞으로 사회복지에서 진리를 찾기는 어려울 것이다.

"사회복지사가 무엇을 위해 철학을 해야 하는가?"라고 물으면, 나는 할 말이 없다. 그 '무엇'이 눈에 보이는 실체를 의미한다면

"철학으로 가능한 것은 없다"라는 대답이 맞을 것이기 때문이다. 하지만 데니스 홍은 대중 앞에서 다음과 같이 말했다.

> "나는 지금까지 많은 로봇을 만들었다. 재미있어서 만들기도 했지만, 시각장애인이 운전하고 감동의 눈물을 흘리는 모습을 보고 많은 것을 깨달았다. 나는 그동안 머리로만 알고 가슴으로는 몰랐다. 우리가 하는 일이 정말 세상을 바꿀 수 있고, 사람을 이롭게 할 수 있다는 걸."

철학이란 그런 것이다. 철학이 바뀌면 자신이 변하고, 자신이 변하면 세상이 달라진다. 그리고 달라진 세상은 진리가 된다. 사람은 누구나 자기만의 철학을 가지고 살아간다. 사회복지사는 인간의 삶에 개입하는 민감한 직업이기 때문에 전문가로서 좀 더 완고한 철학이 필요하다. 이제부터라도 우리 모습과 생각을 돌아보고, 자기반성을 통해 한 번도 대면한 적 없는 사회복지의 진리를 찾아보면 어떨까? 사회복지만큼은 개똥철학 말고 진짜 철학을 말이다.

1980년생
사회복지

　'모든 국민은 인간다운 생활을 할 권리를 가진다.' 대한민국 헌법 34조 1항이다. 워낙 유명한 조항이라 알 만한 사람은 다 아는 내용이다. 그런데 34조 2항을 아는 사람은 많지 않다. '국가는 사회보장·사회복지의 증진에 노력할 의무를 진다.' 이 내용은 나처럼 사회복지를 직업으로 삼은 경우가 아니라면 눈여겨볼 사람이 별로 없을 것 같다.

　두 헌법 조항을 이어보면 '국민은 인간다운 생활을 할 권리가 있고, 국가는 이를 위해 사회보장과 사회복지 증진에 노력해야 할 의무가 있다'라는 뜻으로 정리된다. 단어 하나하나 좋은 말인데, 가만히 보면 두루뭉술하다는 생각이 들고 언뜻 이해가 가지 않는 부분도 있다. 과연 헌법에서 말하는 인간다운 삶이란 뭘까? 사회보장과 사회복지는 무엇이 다른가? 사회복지사인 나도 당장 속시원한 답을 내놓지 못하겠다.

　현대사회에 사는 대한민국 사람들은 사회복지를 어떻게 인식하고 있을까? 헌법은 국가의 최고 법이고 모든 법의 근본이니까 헌법의 역사를 거슬러 올라가다 보면 우리나라의 사회복지에 대한 인식이 어떤지 찾을 수 있지 않을까? 근현대사에서 사회복지의 흔적을 찾아보자.

우리나라 사회복지는 언제, 어떻게 태어났을까? 그 출생의 비밀을 알기 위해선 헌법의 역사부터 살펴야 한다. 1948년 7월 12일 제정하고, 7월 17일 공포한 대한민국 헌법은 지금까지 총 아홉 차례 고쳤다. 나라의 근간이라 할 헌법을 제정한 지 100년도 되지 않아 아홉 번이나 바꾼 이면에는 부끄러운 역사가 있지만, 여러 차례 개헌을 거치는 동안 사회복지가 등장했다.

1948년 제헌 헌법 당시 '사회복지'라는 말은 아직 태어나지도 못했다. 우리 헌법에는 사회복지보다 사회보장이 먼저 등장했다. 그것도 헌법을 만들고 15년이 지난 1962년 5차 개헌에서 '복지'라는 말이 처음 등장한다. 5차 개헌은 5·16군사정변으로 정권을 장악한 박정희가 민정 이양을 위해 단행했다. 박정희는 개헌안 제안 이유서에 "5·16혁명의 이념은 부패와 부정과 빈곤에서 우리 겨레와 나라를 구제하고 새로운 민주복지국가를 재건하려는 데 있다"라고 썼다. 총과 탱크를 앞세워 정권을 장악하고 유신으로 독재와 장기 집권을 획책한 자가 감히 부패와 부정을 논할 수 있을까마는, 이때 '복지국가'라는 말이 처음 등장하고 헌법 전문에 국민의 기본권을 언급했다는 점이 역설적이다.

1960년대는 우리나라 사회복지 역사에 중요한 변곡점이다. 대표적으로 1961년 제정한 생활보호법에서 사회복지라는 용어가 처음으로 쓰였다. 생활보호법 1조(목적)에 "본 법은 노령, 질병, 기타 근로 능력의 상실로 인하여 생활 유지의 능력이 없는 자 등에 대한 보호와 그 방법을 규정하여 사회복지의 향상에 기여함을 목적으로 한다"라고 나온다. 우리나라 사회복지는 생활보호법 제정을 계기로 1950년 전후 외국 원조 기관의 시혜적인 사회사업과 달리, 근대적 의미의 전달 체계로서 사회복지 인식이 형성됐다고 할 수 있다.

그러나 당시에는 사회복지에 대한 인식이 군사독재 정부의 지배적 담론 가운데 하나로, 선언적 의미가 컸다. 역사적으로 봐도 1960년대는 유신과 독재로 얼룩진 사회 상황에 따라 헌법 정신은 유린당하고, 사회복지는 '잘 먹고 잘살면 된다'는 정도로 인식됐기 때문이다. 그나마 1970년에 사회복지사업법을 제정하고 민간 사회복지법인 설립을 본격화하면서, 사회사업의 개념에서 제도적 개념으로 사회복지에 대한 인식이 차츰 변했다.

사회복지가 헌법에 처음 등장한 것은 1980년 8차 개헌에 이르러서다. 8차 개헌마저 12·12사태로 정권을 빼앗은 전두환이 단행했다는 점이 아이러니다. 옮겨 적기도 민망한 전두환의 개헌안 제안 이유서에는 이런 문구가 있다. "새 시대 새 역사를 향한 출발점에 서서 국가의 안정과 번영 그리고 정의 사회 구현을 통하여 새로운 민주복지국가를 건설하여야 하는 막중한 책무를 지니고 있다." 국민을 향해 발포를 명령하고 법 앞에 안하무인으로 행동하는 사람이 정의 사회를 언급한다니 지나가던 소가 웃을 일이지만, 이때부터 대한민국 사회복지는 두 번째 전환기를 맞이한다.

1980년대는 정치적·사회적으로 변혁의 바람이 요동친 시기다. 이전에 사회복지에 대한 인식이 지배집단의 국가 통치 수단으로서 사회보장과 일정하게 차별을 두고 성장해왔다면, 1982년 생활보호법을 20여 년 만에 처음 개정하면서 이때부터 사회복지의 공공 부조 성격을 강조한다. 이듬해 사회복지사업법도 10여 년 만에 처음 개정하면서 사회복지를 공공의 책임으로 명문화하기에 이른다.

1980년 이후 사회복지는 이런 공공성을 확장해 관련 법을 재정비하고 국가의 책임 정책으로 발전하면서, 사회복지에 대한 인식은 점차 국가적 차원의 사회보장과 같은 의미로 전환한다. 우리나라에서 진정한 사회복지는 1980년대에 태어났다고 해도 과언이 아니다.

민주화 시대를 지나 2000년대에 접어들면서 사회보장으로서 사회복지에 대한 인식이 점점 확장됐다. 2005년 분권 교부세 제도를 시행함에 따라 사회복지의 책임은 중앙정부에서 지방자치단체로 이양된다. 그 결과 공공 부문 사회복지 전달 체계에 대대적인 구조 조정이 있었고, 사회복지 담당 공무원이 25년 만에 100배 가까이 증가한다.

사회복지 담당 공무원의 증가는 복지 서비스의 변화도 불러일으켰다. 정부 보조금의 통제 속에 작동되던 민간 사회복지 서비스와 달리, 이때부터 공급자가 서비스 이용자를 책정해 이용권(바우처voucher)을 전달하는 방식이 등장한다. 바우처 제도는 종전 민간 부문 사회복지 서비스 전달 체계에 정체성의 혼란을 가져왔고, 서비스 이용자의 사회복지에 대한 인식이 바뀌는 계기를 마련한다.

사회복지가 사회보장의 늪에 빠져 점점 존재감을 잃어가던 무렵인 2007년 제정한 노인장기요양보험법에서는 사회복지라는 단어가 아예 빠진다. 급기야 2012년 개정한 사회보장기본법에서는 종전 사회(복지) 서비스를 포괄해 사회 서비스라 하고, 사회복지 서비스는 사회 서비스의 한 부류로서 복지 분야에 대한 서비스로 한정한다.

2015년 사회보장급여법을 시행하면서 공공 전달 체계를 다시한번 개편하더니, 지역사회복지협의체를 지역사회보장협의체로 변경하는 결정타를 날린다. 이는 공공 부문의 법제적 변화가 우리나라 전체 사회복지 서비스 전달 체계에서 탈脫사회복지를 불러일으키는 신호탄이 아닐까 싶다. 이런 흐름대로라면 사회복지사도 사회보장사로 바뀌는 게 아닐지 걱정된다.

내가 우려하는 것은 단지 사회복지의 상실이 아니다. 사회복지의 가치는 시대적 상황이나 정치적 이념 때문에 그때그때 바뀌어선 안 되는데, 과거 우리 역사는 그렇지 못했다. 사회복지 법률의 변천사로 볼 때, 지금까지 사회복지는 사회보장과 동의어는 아니라도 최소한 동격으로 구별 없이 쓰인 것 같다. 더구나 최근에는 사회복지를 사회 서비스의 한 분야로 전락시키고야 말았으니 이를 지켜보는 사회복지사로서 안타까울 따름이다.

사회복지와 사회보장은 당연히 다르다. 사회복지가 제도적 개념으로 국가의 복지 정책이 지향하는 목표라면, 사회보장은 국민의 복지(즉 사회복지)를 목표로 실행하는 사회적 안전장치(정책)다.

사회복지는 목표이고 사회보장은 수단이다. 현재 우리나라 사회복지는 수단만 강조하고 목표를 잃은 듯 보인다.《사회복지학개론》첫 페이지만 봐도 알 수 있는 사실을 지난 수십 년 동안 외면해온 것은 우리가 사회복지의 본질에 지나치게 무관심했다는 방증이다.

나는 십수 년 동안 사회복지사로 일하면서 사람들이 사회복지를 어떻게 인식하는지 봐왔다. 예나 지금이나 법을 만드는 위정자들은 사회복지를 정치적 목적을 달성하기 위한 수단으로 인식하는 듯하고, 사회복지 정책을 기획하고 시행하는 공무원들은 관행에 따르는 수동적인 모습이다. 역사를 돌이켜보니 현재 대한민국의 사회복지에 대한 인식은 헌법에서 사회복지가 처음 등장한 1980년 8차 개헌 당시에 머무르거나 그보다 이전으로 후퇴했을 수도 있는 듯하다.

최근 우리 사회는 또다시 사회복지의 대변혁을 예고하고 있다. 나이가 많든 적든, 장애가 있든 없든, 잘났든 못났든 지역사회에서 어울려 사는 행복이 넘치는 사회를 만들자는 취지의 정책이란다. 그런데 아니나 다를까, 사람들은 잘 모른다. 사회복지 담당 공무원이나 사회복지사가 아닌 이상 관심조차 없다. 우리 삶과 직결되는 사회복지 정책을 국민이 인식하지 못하고 관심이 없다는 건 복지국가를 지향하는 대한민국으로서 정말 슬픈 일이다. 이는 국민의 인식이 사회 변화를 따라가지 못한 게 아니라, 국가의 제도와 정책이 국민의 공감을 얻지 못했거나 처음부터 노력조차 하지 않았기 때문이다.

국가의 모든 정책은 시행하기 전에 국민의 올바른 인식이 필요하다. 사회복지 정책은 더더욱 그래야 한다. 헌법에서 말한 인간다운 삶이란 바로 인간다움에 대한 자기 인식에서 비롯되는 것이 아닐까 생각해본다.

─── 사회복지사만 아는 사회복지와 사회보장

사회복지

복지welfare는 well(좋은)과 fare(상태)의 복합어로, '만족스럽게 잘 지내는 상태'를 의미한다. 안녕well-being과 비슷한 뜻이다. 한자 복지福祉도 마찬가지다. 복이 둘이나 있으니 복이 많다는 뜻이다. 복이라는 우리말도 전통적으로 '잘 먹고 잘살다'라는 뜻인데, 물질적 풍요와 정신적인 안녕으로 해석하면 될 듯하다.

사회복지social welfare는 사회적social이란 형용사와 복지welfare라는 명사가 합쳐져 '사회적 복지' 정도로 직역하면 될 듯하다. 다시 말해 사회복지는 인간 생활의 행복과 안녕이 개인을 넘어 모든 구성원이 만족스러운 상태를 뜻한다.

사회보장

영어 security는 라틴어 secura에서 왔다. 접두사 se-는 '없는' '해방', cura는 '고민' '걱정'을 뜻해서 합치면 '고민과 걱정이 없는'이다. 일상에서 security라고 하면 캡스나 세콤 같은 경비 업체부터 떠오르는데, 이 업체가 하는 일이 혹시 모를 외부의 위험에서 안전과 재산을 지켜주는 역할이다.

사회보장social security은 사회적 위험social risks에서 구성원의 생명과 안전을 지켜주는 사회적 안전장치를 말한다. 사회적 위험은 국가마다 차이가 있겠으나 신체적 위험(질병, 장애, 노화 등)과 경제적 위험(실업, 재해, 빈곤 등)을 포함한다고 보면 된다. 따라서 사회보장은 국가가 이런 사회적 위험에서 국민을 보호하고, 국민의 생존권을 보장하고 삶의 질을 향상하는 데 필요한 총체적인 정책을 말한다.

지금은
'복지' 전국시대

춘추전국시대는 중국 역사상 가장 오랜 분열과 혼란의 시기로, 춘추春秋시대와 전국戰國시대를 아울러 이르는 말이다. 춘추시대는 기원전 770년 주나라 유왕이 견융의 공격에 죽고 천도한 뒤 진나라가 한나라, 위나라, 조나라로 분열한 기원전 403년 이전까지, 전국시대는 그 이후 진시황이 삼국을 통일한 기원전 221년까지다. 춘추전국시대에는 종전의 가치가 무너지고 전쟁이 일상이 됐으며, 약자의 삶이 짓밟혔다. 그러나 암울한 시대 이면에는 새로운 문화가 보급되고 학문과 사상이 발전하는 등 절망의 어둠이 오히려 새 시대를 위한 밑거름이 되기도 했다.

지금까지 사회복지사로 살아오며 사회복지의 이상과 현실의 대척점에서 이런저런 일을 겪다 보니, 현재 우리나라 사회복지가 그 옛날 춘추전국시대와 다르지 않다는 생각이 든다. 우리나라 사회복지는 최근 수십 년 동안 급격한 변화를 겪어왔고, 지금도 변화를 위해 몸부림친다. 경제가 급속히 발전하면서 사회복지 서비스의 공급 총량이 폭발적으로 증가했고, 복지 서비스 공급자가 개인 사업자나 민간 영리 기업 형태로 다양해지면서 복지 서비스의 성격이 달라졌다. 민간 기업의 사회적 책임Corporate Social Responsibility, CSR 활동이 활발해지면서 사회복지 서비스 공급을 직접 기획하거나 공급하는 주체로 떠오르기도 한다. 최근에는 공공 부문 책임성 강화라는 명분으로 사회복지사뿐만 아니라 공무원이 주도적으로 사회복지 서비스를 제공하는 시대가 됐다.

그동안 우리나라 사회복지 서비스 공급 체계는 양적 증가, 다양화, 복잡화, 시장화, 경쟁 심화, 공공성 담론의 팽창, 대안적 서비스 조직의 약진 등으로 지금까지 사회복지 서비스 공급의 핵심적 역할을 해온 민간 사회복지법인(혹은 사회복지사)은 말 그대로 '혼돈'의 상황이 이어지고 있다. 더군다나 5년에 한 번 정권이 교체될 때마다 사회복지 정책을 고유 브랜드화하면서 이런 혼란을 가중한다. 지자체가 지역 정치의 환심을 사고자 난데없이 시범 사업을 남발하면서 종전의 가치를 무너뜨리고 기득권과 대립하는 상황은 춘추전국시대를 연상케 한다. 바야흐로 대한민국은 복지 전국시대라고 해도 과언이 아니다.

혼돈의 시대가 역사적으로 반드시 나쁜 결말을 가져오진 않았다. 전국시대는 말 그대로 국가 간의 전쟁이 빈번했기에 나라는 온통 피로 피를 씻는 전쟁터였다. 하지만 계속되는 전쟁에 무기의 발전이 필요했고, 이는 철기의 보급을 앞당겼다. 철기의 보급은 전투력 향상은 물론, 개량한 농기구로 농업 생산량이 증가하는 계기가 됐다. 농업뿐만 아니라 제철업과 상업, 수공업도 발전한다. 세계 4대 문명 가운데 하나인 황허黃河 문명이 급속도로 발전한 시기가 전쟁으로 얼룩진 춘추전국시대라는 건 역사의 아이러니다.

혼란한 시대에 새로운 사상과 철학이 꽃피우기도 했다. 춘추전국시대에 각국의 제후들은 부국강병과 더 좋은 나라를 만들기 위해 유능한 인재를 등용하는 데 온 힘을 쏟았다. 우리에게 너무나 익숙한 공자, 장자, 노자 등이 춘추전국시대를 대표하는 제자백가 사상가다. 제자백가의 사상과 학문은 혼란한 시대에 나라를 구하는 다양한 방법을 제시했다. 도덕적인 정치를 강조한 공자와 맹자의 유가 사상, 엄격한 법의 제정과 시행을 강조한 한비자의 법가 사상, 도덕과 법률보다 자연을 본받는 생활을 강조한 노자와 장자의 도가 사상, 평화의 실천을 주장한 묵자의 묵가 사상 등은 현대의 정치와 철학에도 많은 영향을 준다.

춘추전국시대의 역사적 의미는 중국 역사상 가장 중요한 부분으로 인식된다. '중국'이라는 하나의 세계관이 형성된 시기이기 때문이다. 주나라 시대의 중국中國은 말 그대로 제후국의 울타리에 둘러싸여 가운데 있는 나라, 즉 성읍城邑 국가 수준이었다. 그러나 춘추전국시대가 도래하면서 국가의 범주가 천하天下로 넓어졌다. 황허 인근 국가와 정체성이 전혀 다른 이민족 국가 춘추 5패(제, 진, 초, 오, 월)도 중원을 넘보기 시작했다. 새 세계관이 형성되면서 '중국 통일'에 대한 열망이 나타났고, 마침내 진秦의 천하 통일로 발현됐다고 볼 수 있다.

서쪽 변방의 미개한 나라에 불과하던 진나라가 어떻게 혼돈의 시대에 열강을 제치고 천하 통일의 위업을 달성했을까? 가장 큰 원인은 법가 사상을 근간으로 한 사회 개혁이다. 진나라는 이른바 변법變法 개혁으로 신분 질서를 무너뜨리고, 출신에 상관없이 법으로 나라를 다스렸다. 이런 개혁은 왕족과 귀족, 신하의 특권을 인정하지 않았기에 무소불위의 권력을 누리던 기득권 계층의 강한 반발에 부딪힌다. 진나라는 이에 굴하지 않고 두 차례에 걸친 변법 개혁으로 부국강병을 이룩하고, 전국시대 최강대국으로 성장해서 마침내 천하 통일의 주인공이 됐다.

그동안 우리나라는 급속한 경제성장과 함께 사회복지도 지금처럼 복잡하고 다양한 모습으로 변했다. 역사적으로 대한민국에서 사회복지 정책은 경제나 다른 정책에 비해 항상 우선순위에서 밀렸고, 그나마 선거 때 잠시 등장하는 정치적인 미봉책에 그쳤다. 눈에 보이는 양적인 성장에 열을 올리다 보니, 사회복지 공급 체계가 지금처럼 복잡성을 증폭하는 꼴이 됐다. 이에 반해 복지 서비스 전달 체계의 전문성이나 효과성에 대한 진지한 노력은 미진했다. 그래서일까? 최근에 국가가 나서서 공공성을 강화하기 위한 새로운 정책을 추진하지만, 지켜보는 이들의 시선은 싸늘하다. 복지 전국시대가 언제쯤 막을 내릴지 걱정이다.

역사는 반복된다던가. 21세기 혼돈의 복지 전국시대에 사는 우리에게 춘추전국시대의 역사적 의미는 큰 메시지로 다가온다. 진나라가 천하 통일의 위업을 달성한 원동력은 출신과 신분을 따지지 않고 국가적 문제를 해결하기 위해 인재를 발탁하고, 새롭고 실용적인 인식의 전환을 가져왔기 때문이다. 기득권 세력의 반발에도 강력한 리더십으로 사회 개혁을 밀어붙였기에 새로운 세상을 열 수 있었다.

인식의 전환과 개혁에 대한 열망이 중요하다. 사회복지를 일방적인 시혜의 산물로 볼 게 아니라, 모든 주민의 삶의 질과 복지 수준 향상이라는 인식의 대전환이 필요하다. 현실에 안주하지 않고 잘못된 관행에서 벗어나 이상보다 현실적인 대안을 마련해야 한다. 전통을 지킬까, 개혁할까? 복지 전국시대를 극복하기 위해 반드시 선택해야 한다. 혼란의 시대가 새로운 시대를 여는 기회가 될 수 있다.

정치의 포로가 된
복지

내가 제주도에 내려와 스마트복지관을 운영하면서 참 많은 일이 있었다. 복지관 사무실이 근처 마을회관으로 이사한 지 두 달이 지났을 무렵, 낯익은 정치인이 복지관에 찾아왔다. 기념일이나 선거철도 아닌데 정치인이 제 발로 복지관에 온 것은 이례적인 일이었다. 더구나 스마트복지관은 이용자가 드나들지 않는 비현실적인 복지관이 아닌가.

연락도 없이 복지관을 방문한 연유를 물어보니, 그는 멋쩍은 표정으로 "우연히 마을을 지나다 스마트복지관이라는 간판을 보고 궁금해서 무작정 들어왔다"고 했다. 살짝 당황했지만 순수하게(?) 방문한 정치인을 반갑게 맞이했다. 그는 마주 앉아 스마트복지관에 대한 이야기를 나누는 내내 상기됐고, 꽤 진지해 보였다. 내가 스마트복지관의 취지와 비전을 얘기할 때 그는 가슴 벅찬 표정이었고, 대한민국의 사회복지 현실을 이야기할 때는 함께 분노했다. 한참 이야기를 나누고 돌아간 그는 SNS에 이런 말을 남겼다. "복지 서비스가 사회 개혁의 기반이 되고, 사회복지사가 늘 현장을 챙길 수 있는 복지 플랫폼의 씨앗을 보았다."

몇 달 뒤 그 정치인이 주최하는 행사가 열렸다. 스마트복지관의 정책 방향에 대한 토론회로, 다양한 사람들이 모여 오랜만에 마을회관이 들어찼다. 스마트복지관이 문을 닫아야 할지 말지 고민이 많았는데, 이렇게 많은 사람이 관심을 보일 줄은 꿈에도 몰랐다. 나는 맨 앞 토론자 자리에 앉아 참석한 사람들을 차근차근 살펴봤다. 공무원, 정치인, 언론사 기자, 주민, 그 일과 아무 상관도 없는 사회복지사… 참 많은 생각이 들었다. 토론회가 진행되는 두 시간 남짓, 멍하니 앉아 다른 토론자의 말은 들리지도 않았다. 토론회가 끝나고 사람들이 떠난 자리에는 수많은 정치적 이해관계만 남았다.

사회복지사로 일한 지 10년이 되던 해, 나는 사회복지가 정치적 목적을 달성하기 위한 수단이 되는 현실에 진저리가 나서 현장을 떠났다. 뒤도 안 돌아볼 것처럼 뛰쳐나갔는데, 얼마 지나지 않아 제주에서 다시 사회복지 일을 하니 남들 보기에 민망하다. 스마트복지관은 도청이 하는 정책 시범 사업이라고 해서 뭔가 다를 줄 알았다. 그런데 시범 사업이 끝날 때까지 현실은 달라진 게 없었고, 나는 또다시 영문도 모른 채 정치와 마주했다. 지난 10년 동안 나를 괴롭혀온 복지와 정치에 대한 생각이 머릿속에 맴돈다. 나는 지금 사회복지 일을 하나, 정치를 하나.

복지가 잘 갖춰진 사회는 좋은 사회일까? 사람들은 살기 좋은 사회를 이야기할 때, 종종 서유럽 복지국가를 예찬한다. 여기에 역사의 아이러니가 있다. 유럽의 사회복지는 19세기 말, 강력한 군국주의 독일제국을 건설한 비스마르크Otto von Bismarck가 도입했다. 당시 독일은 사회주의 운동이 고조되고 노동자계급의 불만이 폭발 직전이었다. 급기야 독일 정부가 분노에 찬 노동자를 달래기 위해 복지 정책을 시도했다. 오늘날 '사회정책'이라는 말도 이때 비롯됐다. 결과적으로 독일의 경제 부흥과 사회복지 이면에는 대자본가와 토지 귀족의 이해관계를 유지하고, 식민지를 확대하고 침탈하려는 목적이 있었다.

19세기 해가 지지 않는 나라 영국도 마찬가지다. 영국은 전 세계 식민지에서 얻은 부에 힘입어 산업 발전을 이룩했지만, 대공황 시대(1929~1939년) 노동자의 빈곤과 실업을 극복하기 위한 수단으로 노동자 복지를 구현했다. 이처럼 세계사에서 사회복지는 기득권의 권력을 유지하기 위해 정치적으로 시작한 셈이다.

복지 선진국이라는 유럽의 복지국가 상황이 이 정도인데 우리나라는 불 보듯 뻔하지 않을까 싶다. 우리나라 사회복지는 권위주의 체제 아래 정권을 유지할 목적으로 복지 제도를 통치 차원에서 전략적으로 활용한 게 시작이다. 공무원 연금(1960년), 군인연금(1960년), 사학 연금(1975년) 등 특수 직역 연금이 정치적 의도에서 도입된 복지 제도의 대표적 예다. 당시 복지 제도는 요즘과 달리 상대적으로 혜택을 누리는 사람(집단)에게 더 안정적인 삶을 보장하는 방식으로 설계됐으니, 처음부터 사회복지에 정치적 의도가 있었다.

외환 위기 이후 국민 기초 생활 보장제(2000년), 고용 보험 확대

적용(1999년), 건강보험 통합(2001년) 등 새로운 복지 제도가 도입되면서 정치적 이익보다 사회적 안전망 확충에 눈을 돌리는가 싶었다. 하지만 이 또한 자세히 보면 기대는 곧 실망이 된다. 이 시기에 새로 도입된 복지 제도는 국제통화기금IMF이 한국 정부에 구제금융을 제공하는 조건에 따른 것으로, 우리 정부는 울며 겨자먹기로 받아들일 수밖에 없었다.

외환 위기를 계기로 우리 정치에서 복지 논쟁은 사라진 듯 보였지만, 2009년 무상 급식 이슈가 터진 뒤 대한민국 사회복지는 본격적으로 정치 쟁점으로 두드러진다. 무상 급식을 중심으로 하는 복지 이념 논쟁은 지금도 한국 정치의 진보와 보수를 가르는 핵심 의제다. 보편적 복지는 진보, 선별적 복지는 보수라는 진영 논리는 사회복지사가 보기에 우스울 정도로 복지를 대하는 시각이 극도로 편협하다. 그런데도 지난 10년 동안 사회 양극화가 계속되면서 복지가 대중적인 담론이 된 것은 분명해 보인다. 어쩌면 이로 인해 시민은 복지와 정치를 떼려야 뗄 수 없는 관계로 인식하는지도 모른다.

현재 대한민국의 사회복지는 구체적인 정책보다 대중적인 지지를 둘러싼 선거 경쟁에서 정당이나 후보 정치인의 이미지를 만드는 정치적 상징으로 이용하는 듯하다. 의회정치 과정을 통해 복지 정책을 둘러싼 정치가 전개되는 게 아니라, 선거에서 지지를 극대화하기 위한 전략적 수단으로 복지가 논의된다. 이런 현실에서 먹고살기 위해 사회복지 일을 하는 나 자신이 참 서글프다.

독일 태생 정치 이론가 한나 아렌트Hannah Arendt는《칸트 정치철학 강의Lectures on Kant's political philosophy》에서 사적 이해관계를 떠난 관심만이 정치를 살릴 수 있다고 말했다. 칸트 미학에서 아름다움을 느끼는 데 핵심 사항 중 하나는 '무사심적 관심disinterested concern'이다. 진정한 아름다움을 보려면 개인적인 이해관계에서 벗어나 순수하게 객관적인 관점으로 대상을 바라봐야 한다는 말이다. 예를 들어 아무리 대단한 작가의 그림이라도 작품으로 보지 않고 재테크 수단으로 생각하면 진정한 아름다움을 느낄 수 없다. 나중에 몇 배 이익을 남길 수 있다는 기대감에서 오는 즐거움이 있을 뿐이다.

반면에 우리가 '모나리자Mona Lisa'를 보면서 느끼는 아름다움은 모든 사적 이익이 개입되지 않았기 때문이며, 동시에 다른 사람도 같은 아름다움을 느낄 수 있다. 사람들이 미적 대상을 보고 함께 소통할 수 있는 까닭은 공통 감각sensus communis이 있기 때문이다. 사적인 이해관계가 얽힌 아름다움은 결코 공감할 수 없고, 사적 이해관계를 버리면 그림 한 점으로도 소통할 수 있다는 역설적 의미가 담겼다.

요즘 '복지가 곧 정치다!'라는 신념으로 사회복지를 바꿔보겠다고 정치판에 뛰어드는 사회복지사 선배들이 많다. 그 신념에 일부 공감하면서도 사회복지사 신분으로 정치를 하는 행위는 달갑지 않다. 정치인이 되면 더는 사회복지사가 아닐뿐더러, 그런 생각으로 사회복지에 접근하면 뭔가 다른 꿍꿍이가 있어 보이기 때문이다.

아렌트는 칸트가 미적 대상을 사심 없이 바라보면서 아름다움을 느끼고, 그것을 타인과 함께 느끼는 일련의 미적 태도를 '관찰자적 삶의 방식'이라고 설명한다. 사건의 한가운데 있는 행위자는 결코 자신의 사적 이익을 떠나서 전체를 통찰할 수 없다는 말이다. 과연 정치인이 된 사회복지사가 사적 이익을 떠나 관찰자적 방식으로 세상을 아름답게 볼 수 있을지 의문이다. 사회복지사가 사람들과 소통하며 아름다운 세상을 만들고 싶다면 정치에서 벗어나야 한다. 사회복지사는 정치를 관찰자적 입장에서 바라봐야 한다. 정치 안에서 복지는 결코 아름다울 수 없다. 정치가 복지는 될 수 있어도, 복지는 정치가 되면 안 되는 이유다.

사회복지는
자비로운 선택?!

　　2018년 8월, 사회복지사업법 일부 개정안 발의를 두고 국회 안팎이 한바탕 소란스러웠다. 법률 개정안(이하 법안)의 핵심은 사회복지사업법에 종교 법인이 운영하는 사회복지시설에서 종교 행위를 강제할 수 없다는 내용을 신설하고, 이를 위반하면 300만 원 이하 벌금을 부과하는 것이었다. 나는 '드디어 올 게 왔구나!' 하는 생각이 들면서도 '과연 이 법이 본회의를 통과할 수 있을까?' 반신반의하는 마음으로 국회의 상황을 예의 주시했다. 그런데 얼마 지나지 않아 법안을 발의한 국회의원 11명 전원이 돌연 발의를 철회하면서 그나마 남은 나의 반쪽짜리 기대는 한순간에 무너지고 말았다.

　　어렵게 발의한 법안을 철회하는 모습을 보며 속으로 '그러면 그렇지. 세상이 쉽게 바뀔 리가 있나' 하고 혀를 찼다. 말을 꺼내기조차 힘든 종교 관련 법안이 그리 쉽게 통과되리라는 기대는 애초부터 하지 않았지만, 법안을 발의하자마자 종교계의 반발이 거셌다.

종교계의 반격은 조직적인 행동으로 보일 정도였다. 국회 홈페이지에 반대 댓글이 수천 건 달렸고, 법안을 발의한 국회의원의 휴대전화로 철회하라는 문자 폭탄이 쏟아져 정상적인 업무가 불가능할 지경이었다고 한다. 국회 밖에서는 일부 보수 개신교를 중심으로 한 종교계와 관련 시민 단체가 모여 '정교분리'와 '종교 탄압'을 외치며 반대 집회를 열었다.

국가보조금을 받아 사회복지시설을 운영하는 종교 법인이 정교분리를 주장하는 자체가 웃기는 일인데, 이런 어설픈 논리에 국회의원들은 너무나 쉽게 무릎을 꿇었다. 더 답답한 노릇은 종교계가 온라인과 오프라인 할 것 없이 끈질기게 반대 행동을 계속하는 동안 정작 법안의 당사자인 사회복지사는 어찌 된 영문인지 침묵으로 일관했다.

나처럼 변변치 못한 사회복지사들은 속으로 '잘못된 것을 알지만 신앙인(직원)으로서 성직자(시설장)에게 맞서기 부담스럽다' '괜히 나서서 눈 밖에 나면 나만 손해다' '내가 아니라도 누가 나서겠지' '어차피 바뀌지 않을 세상인데 괜히 고생할 필요 있나?' 생각하지 않았을까 싶다. 누구 한 명이 총대를 메고 퍼스트 펭귄first penguin*이 돼주길 기다리고 있었는지도 모른다. 정확히 무슨 연유인지 모르지만, 어영부영하는 사이 퍼스트 펭귄이 나타나기도 전에 법안은 철회되고 말았다. 이번 사건을 싸움으로 치면 사회복지

---

* 무리 중에서 처음으로 바다에 뛰어드는 펭귄.

사의 완패다.

　사회복지 현장에서 종교 관련 문제는 오래전부터 사회복지사 사이에 많이 오르내린 이슈 중 하나다. 최근 사회복지사 77.6%가 직장 내 괴롭힘을 경험했다는 조사 결과가 발표됐다. 사회복지사를 힘들게 하는 직장 내 괴롭힘 가운데 하나가 종교 행위나 후원금 강요라고 한다. 일반인은 이 조사 결과를 보고 많이 놀랐을 수 있는데, 사회복지사 사이에서는 당연한 결과라는 분위기였다.

　불과 몇 년 전만 해도 직원을 채용할 때 같은 종교 사람이 유리하다는 말이 들리고, 채용 조건으로 교회 출석을 요구하거나, 후원금 명목으로 십일조를 강요하는 사례가 많았다고 한다. 요즘같이 취업하기 힘든 세상에 십일조쯤이야 불우 이웃 돕기 한다는 생각으로 면접 자리에서 흔쾌히 수락했을 수도 있다.

　가까스로 꿈에 그리던 사회복지사가 됐지만, 면접장에서 농담 반 진담 반으로 오간 말은 곧 현실이 되고 만다. 업무는 항상 예배(혹은 미사, 예불, 법회 등)로 시작하고 끝난다. 회의할 때, 프로그램을 진행할 때, 밥 먹을 때, 모든 일의 전후에 반드시 의식(?)을 치러야 한다. 종교가 다르거나 없는 직원도 많은데, 사회복지시설에서 벌어지는 종교 행위는 일상 업무와 긴요하게 엮여 뭐라고 말도 못 하고 점점 무감각해진다.

　어디 그뿐이랴. 경력 수십 년에 이르는 사회복지사를 제치고 대학을 갓 졸업한 성직자나 낙하산이 기관장으로 오는 것은 법에서도 인정하는 종교의 특권이다. 목사가 법인 이사장이고 사모가 시설장, 그들의 아들딸이 관리자로 일하는 모습은 이 바닥에서 낯설지 않은 풍경이다. 그들은 이런 상황을 '가족 복지'라고 할지도 모르겠다.

모두가 함께 기뻐하고 축복해야 할 부처님오신날과 크리스마스는 종교 법인에서 일하는 사회복지사에게 반갑지 않은 날이다. 세상을 구원하러 온 부처의 자비와 예수의 축복 대신 야근과 특근을 선물로 받는 날이기 때문이다. 항간에 종교 법인의 사회복지시설장이 되기 위해선 개종도 불사하고 '3000배를 해야 승진한다'는 웃지 못할 이야기는 사회복지사끼리 아는 불문율이라니, 정말 씁쓸한 일이 아닐 수 없다.

사회복지계에서 종교 문제는 드러나지 않아서 그렇지 내부적으로 분명 문제가 있어 보인다. 하지만 지난번 국회 안팎에서 벌어진 소란을 봤듯이, 앞으로 사회복지계에서 종교 문제를 거론할 기회마저 잃었다. 사회복지가 정치의 부산물이 된 지 오래고, 정치가 종교의 하수인으로 전락한 것은 수백 년 역사가 증명해왔다. 현대사회에서 사회복지와 종교 문제는 사회복지사뿐만 아니라 정치, 종교, 사회, 문화, 복지 등 포괄적으로 접근해야 할 아주 골치 아픈 문제가 됐다. 국회의원들이 어렵게 만든 법안을 논의 테이블에 올려보지도 못하고 철회한 이면에는 이런 복잡한 계산이 있었으리라고 애써 이해하고 싶다.

나 역시 세례를 받았고 종교 법인이 운영하는 시설에서 오랜 시간 사회복지사로 일한 터라, 이 글을 쓰는 게 잘하는 일인가 싶다. 종교가 없는 사회복지사의 관점에서 무조건 종교를 비판하는 글을 쓰기도 좀 아닌 듯하고, 생각 없이 종교를 옹호하기도 양심적으로 썩 내키지 않는다. 그렇다고 계속 침묵하자니 사회정의를 위해 일하는 사회복지사로서 면이 서지 않는 일이다. 종교 문제는 사회복지사의 삶에서 한 번은 넘어야 할 큰 산이기에, 이번 기회에 '사회복지'와 '종교' 사이 어딘가 있을지 모르는 접점이라도 찾아봐야겠다.

먼저 종교에서 하는 사회복지 활동(편의상 '종교 사회복지'라 하겠다)을 일반적인 사회복지사업과 동일시할 수 있는지 따져보자. 나는 성직자가 아니고 종교에 대해 아는 바가 별로 없어서 박사들이 쓴 논문을 찾아봤다. 대다수 관련 논문에는 종교 사회복지의 개념을 '종교가 주체가 돼서 행하는 복지 서비스'라고 정의했다. 기대가 너무 커서인지 몰라도 성의 없는 개념 정의에 실망스러웠다. 사회복지의 개념을 복지 대상자가 아니라 서비스 제공자에 초점을 두고 정의한다는 게 선뜻 이해되지 않았다. 이러니 이상한 가족 복지(?)가 판을 쳐도 의아하게 생각하는 사람이 없는지도 모르겠다.

예컨대 사회복지사업 중에 노인 버스를 운행한다고 치자. 서비스 제공자 관점에서 정의하면 '노인이 운전하는 버스'가 된다. 당연히 그 버스는 '노인을 배려하기 위해 운행하는 버스'라고 하는 게 사회복지다운 개념 정의가 아닐까. 현실로 돌아와서 박사들의 개념에 따라 종교 사회복지를 따져보면, 종교는 시혜자로서 복지의 주체가 되는 셈이다. 굳이 이렇게 따지지 않아도 교리에서 말하는 사랑이나 자비, 구제, 보시 등에는 주는 자의 관대함이 포함된다. 결과적으로 종교에서 하는 모든 복지 활동은 어디까지나 종교의 궁극적 목표인 구원이나 해탈로 향하는 과정에 불과하다는 의미다.

사회복지는 인간애의 사회적 표현이고, 이는 종교의 본질적 과제이기도 하다. 사회복지와 종교가 지향하는 목적은 같거나 비슷하다는 말이다. 그런데 사회복지와 종교가 이렇게 아리송한 관계라는 점을 노리고 사회복지를 포교 수단으로 활용한다는 건 정말 안타까운 일이다. 사회복지와 종교가 지향하는 바가 다르다면 둘의 접점을 찾기란 쉽지 않을 것이다.

그렇다면 현실에서 종교 사회복지시설은 종교가 지향하는 바에 따라 일반 사회복지시설과 다른 모습으로 운영되는가? 결론부터 말하면 아니다. 사회복지의 정체성을 이해하는 데 중요한 요소 중 하나가 재원의 출처다. '종교 사회복지'란 말만 놓고 보면 사회복지시설의 재원이 모두 운영 주체인 종교 법인에서 지원될 것 같은 인상을 준다. 정말 그렇다면 지난번에 법안을 발의한 국회의원들은 목사들 앞에 석고대죄 해야 했을 것이다.

종교에서 운영하는 사회복지시설의 예산을 자치단체 보조금과 비교하면 종교 법인의 지원금(법인 전입금)은 10%에도 미치지 못한다. 보조금에 대한 재정적 의존성은 일반 사회복지시설과 다르지 않다. 그런데도 사회복지시설의 운영 목적이 선교나 포교에 있다면 성직자(?)의 욕심이 지나치다. 상황이 이 정도면 정교분리 원칙은 종교계 스스로 지키지 못하는 셈인데, 지난번에 소신껏 법안을 발의한 국회의원들을 대놓고 면박 준 것 같다.

종교계의 주장처럼 국가가 사회복지시설에서 종교 행위를 제한하는 게 헌법이 보장하는 정교분리에 어긋나는 행위라면 국가 보조금을 반환하고(전부는 아니라도 51% 이상) 통 크게 법인 지원금을 늘려서 종교의 자유를 누리며 스스로 헌법을 수호하는 모습을 보여주면 될 텐데, 종교는 왜 이토록 사회복지에 목말라 하는지 모르겠다. 정말 사회복지는 종교의 자비로운 선택인가. 알 듯 말 듯 아리송한 게 종교와 사회복지의 관계다.

종교 사회복지와 일반 사회복지가 현실에서 별다른 차이가 없는 걸 보니, 이제 둘의 접점이 좀 더 가까워진 느낌이다. 화제를 바꿔서 있는지 없는지 모를 그 접점을 다시 찾아보자. 오늘날 민간 사회복지는 종교만 참여하는 게 아니라 기업이나 사회단체 등 비정부 성격을 띠는 기관도 많이 참여한다(물론 아직 종교가 차지하는 비중이 매우 크다). 이런 민간 사회복지 활동은 서비스를 제공하는 주체의 성격에 따라 제공 방식이나 특성이 달라지게 마련이다. 오히려 운영 주체의 장점을 최대한 활용하면 질 좋은 서비스를 제공할 수도 있다. 이것이 국가가 사회복지를 민간에 위탁하는 가장 큰 이유가 아닐까.

종교 사회복지 활동에서 종교 행위는 일반적인 사회복지사업과 구별되는 가장 큰 차이점이자 종교 법인의 특성이고, 종교의 특성은 복지 서비스를 제공하는 데 오히려 장점이 될 수도 있다. 교리는 사회의 존속과 유지에 필요한 보편적 가치와 윤리성을 제시하는데, 보편 종교의 가치와 윤리는 타인과 사회의 복리에 헌신할 것을 강조하는 이타적인 성격을 띤다. 이와 같은 종교의 이타적 규범과 예언적 성격은 사회복지 실천에 큰 동기로 작용한다.

종교는 조직체의 귀속 욕구를 충족하는 동시에 사회적 연대를 강화함으로써 개인과 사회를 통합하는 구실도 한다.

최근 많이 논란이 되는 사회복지시설에서 벌어지는 종교 의례 역시 개인과 타인의 연결 고리로 집단응집력을 강화해 현실 세계에서 직면한 좌절과 갈등, 고통을 극복하고 삶을 조직화한다는 측면으로는 충분히 사회복지적 함의가 있다고 본다. 시설에서 벌어지는 종교 행위가 직원을 통제하고 구속하기 위한 관례화된 의례가 아니라 복지 대상자의 마음을 어루만지는 사회복지 실천 방법 가운데 하나로 이해한다면 지금까지 내가 그토록 찾아 헤맨 사회복지와 종교의 접점을 찾을 수 있지 않을까.

학자들이 말하는 사회복지는 '인간의 욕구를 충족하기 위한 사회적 활동'을 가리킨다. 인간의 다양한 욕구가 무엇인지, 이를 구분하는 방식이 어떤지가 복지를 설명하는 기반이 되면서 복지라는 개념이 본래 사람(수혜자) 중심으로 정립됐음은 사회복지학을 전공한 사회복지사라면 누구나 알 것이다. 종교가 사회복지의 이념적 배경이 될 수 있는 것도 바로 이 때문이다. 종교도 인간의 고통을 위로하기 위해 이 땅에 오지 않았나. 인간의 욕구라는 관점에서 출발한 사회복지가 인간의 종교적 욕구를 포함한다는 것도 분명하다. 사회복지와 종교의 접점은 결국 사람이다. 사회복지와 종교를 자꾸 제공자 측면에서 보면 정말 '노(no)답'이다. 그러나 주민과 사회복지 서비스 대상자(클라이언트)를 중심으로 바라보면 의외로 문제는 간단히 해결될 수 있을 듯하다.

사족

이 글을 다 쓰고서야 깨달았다. 사회복지와 종교의 접점을 찾겠다는 깜찍한 생각은 처음부터 잘못됐다. 글을 쓰다 보니 사회복지와 종교는 원래 하나인 게 분명하다. 모양새는 같지만 서로 다른 곳을 지향하는 이 둘의 공통점을 찾느라 애쓰다 보니 결국 한 점(인간)에 지나지 않았다. 한 점은 만물의 근본이지만 완전체는 아니다. 사회복지와 종교가 각각의 다름을 인정하고, 마주 보고 부족한 점을 채워갈 때 온전히 하나가 될 수 있지 않을까.

시내버스와
사회복지

2017년 여름, 제주도에서는 30년 만에 처음으로 바뀐 버스 노선 때문에 시끌시끌한 일이 있었다. 버스 노선이 바뀌는 게 별일이냐 싶겠지만, 제주도에서 평생을 산 할망들에게 수십 년을 오일장에 갈 때 타고 다닌 버스가 하루아침에 바뀐다는 건 세상이 바뀌는 기분이었을 테다. 변화를 극도로 싫어하는 제주도 사람들에게 새로 생기는 환승 정류장이나 버스 전용 차선, 교통복지카드 등은 더더욱 낯설었다. 버스 노선 개편에 대한 제주도청의 의지도 강했다. 제주도는 수년 동안 인구와 관광객이 급격히 늘어나면서 비롯된 교통 체증과 주차난을 해결하기 위해 어쩔 수 없는 선택이라고 했다.

찬반으로 나뉘어 변화가 쉽지 않을 듯하던 제주도 버스 노선 개편은 우여곡절 끝에 완전히 바뀌었다. 강산이 세 번 변하고도 남았을 지난 30년 동안 버스 노선이 바뀌지 않은 게 놀라운 일인데, 불편함보다 변화를 두려워하는 제주도 사람들의 성향 역시 놀랍

긴 마찬가지였다. 당시 사람들은 버스 노선이 바뀌면 큰일이라도 날 것처럼 호들갑을 떨었는데, 아직 별 탈 없이 지내는 모양이다. 육지에서 건너온 나는 버스 노선 개편이 제주도에 대해 다시 아는 계기가 됐다.

사회복지사인 나는 제주도의 버스 노선 개편을 보면서 부럽다는 생각을 했다. 내가 일하는 사회복지 전달 체계 역시 제주도 버스 노선만큼이나 오랫동안 변하지 않았기 때문이다. 혹자는 사회복지 전달 체계가 얼마나 많이 변했는데 그런 소리를 하느냐고 핀잔을 줄지도 모른다. 사회복지를 어떤 시각으로 보느냐에 따라 그런 생각이 들 수도 있다. 따지고 보면 그동안 우리나라 사회복지 전달 체계는 공공 영역을 중심으로 많은 시도와 변화가 있었다는 말이 맞을 수 있다. 하지만 최일선에 있는 민간 사회복지 전달 체계는 지난 수십 년간 무엇이 얼마나 많이 달라졌는지 되묻고 싶다. "나 때는 월급을 80만 원 받았다"는 이야기는 이제 지겹다.

우리는 시내버스를 공공재라고 생각한다. 공공재는 개인이 일정한 재화를 소비해도 다른 사람이 같은 재화를 소비하는 데 방해가 되지 않고(비경합성), 대가를 지불하지 않아도 누구에게나 그 재화가 공급된다(배제 불가능성). 그런데 우리가 공공재라고 생각하는 시내버스가 이용하는 사람이 많아지면 다른 사람이 이용하는 것을 방해하는 경우가 생길 수도 있고, 요금을 내지 않으면 이용할 수 없다. 더구나 시내버스는 민간 운수회사가 운영하지 않는가. 이렇게 보면 시내버스는 바다 위의 등대처럼 순수한 공공재라고 말할 수 없을 것 같다. 하지만 국민의 세금이 들어가고 정부(지자체)

의 주도 아래 운영되는 시내버스를 공공재가 아니라고 의심하는 사람은 없다. 제주의 사례만 봐도 버스 노선 개편은 지자체가 주도하지 않는가 말이다.

그렇다면 사회복지는 어떨까. 사회복지는 공공재일까, 아닐까? 보통 사람이라면 누구나 사회복지는 당연히 공공재라고 말할 것이다. 사회복지도 세금을 내지 않는 사람이라고 해서 이용을 제한할 수 없고, 어떤 사람이 사회복지 서비스를 이용하거나 혜택을 받는다고 해서 다른 사람이 이용하는 데 영향을 미치는 일이 거의 없다. 대한민국 국민이면 누구나 이용할 수 있는 사회복지 서비스는 당연히 공공재의 성격을 띤다. 이렇게 보면 사회복지는 공공재가 확실한 듯하지만, 사회복지사가 보기에 실상은 전혀 그렇지 않다는 게 문제다.

원래 공공재란 바닷가의 등대만 의미하는 게 아니라, 공급을 시장의 메커니즘에 일임할 수 없는 서비스를 수익자(국민)가 세금을 내고 중앙정부나 지방정부가 대신 공급하는 형태도 포함한다. 경찰이나 국방, 소방, 공항, 철도 등의 서비스가 여기에 해당한다. 사회복지도 대국민 서비스와 비슷해 보이지만 제도에 따라 수익자가 어느 정도 한정될 수 있고, 일부 서비스 영역을 민간에 위탁하기도 해서 등대처럼 순수한 공공재라기보다 혼합재라고 말할 수 있다.

사회복지도 시내버스와 마찬가지로 공공재가 아니라고 의심하는 사람이 없다는 게 중요하다. 문제는 공공재의 성격이 강한 사회복지 서비스(나는 완전한 공공재라고 본다)를 민간이 위탁받아 제공할 때, 완전히 사적재私的財의 서비스로 변한다는 것이다. 2018년 운영비를 빼돌려 명품 가방을 산 어린이집 원장들이 적반하장으로 사유재산이라고 우기던 모습은 차마 눈 뜨고 보기 어려웠다. 공공 서비스(공공재)에 대한 민간 기관의 인식이 어느 정도인지 대충 알 수 있다.

민간 법인이 위탁 운영하는 사회복지 기관도 마찬가지다. 일부의 문제를 전체로 확대하지 말라는 사회복지사 동지의 심정도 이해하지만, 한쪽이 썩었고 다른 한쪽은 멀쩡하다고 썩은 사과라는 사실이 변하진 않는다. 시민의 사회복지 인식도 그렇다. 동사무소에서 제공하는 사회복지 서비스는 공공재로 인식하는데, 사회복지관에서 제공하는 사회복지 서비스는 민간의 서비스로 인식하는 것 같아 안타깝다.

공공서비스를 민간에서 제공한다고 민간 서비스가 되지 않는다. 정부의 권한과 책임을 민간에서 위탁받아 제공하는 사회복지 서비스도 공공서비스다. 우리는 동네에 있는 경찰서나 소방서는 공공 기관으로 인식하지만, 사회복지관은 그렇게 생각하지 않는다. 동네에 경찰서가 없으면 주민의 안전이 위협받는다고 난리를 치듯이, 사회복지관이 없으면 주민 복지가 위협받는다고 청와대 국민 청원 게시판에 글을 써야 한다.

안타깝게도 현실은 전혀 그렇지 않다. 경찰서는 도둑을 잡는 곳, 소방서는 불을 끄는 곳, 그렇다면 사회복지관은? 불행히도 사회복지관은 요가나 에어로빅, 방과 후 프로그램을 하는 곳으로 인식하는 게 현실이다. 소방서가 불을 끄는 프로그램을 진행하는 곳이 아니듯, 사회복지관도 경찰서나 소방서와 마찬가지로 지역사회에서 일정한 기능과 역할을 하는 기관으로 인식해야 한다. 사회복지사가 봐도 사회복지관은 경찰서나 소방서와 완전히 다른 기관처럼 느껴지는 건 나만의 생각일까.

사회복지관이나 사회복지에 대한 인식을 가장 먼저 바꿔야 할 사람은 정책을 결정하는 정치가와 행정공무원, 현장에서 일하는 사회복지사다. 정치가는 사회복지를 정치적 이데올로기에 따라 표를 얻기 위한 수단으로 써먹을 게 아니라, 모든 국민이 인간다운 생활을 누리기 위한 기본적인 권리로 인식해야 한다. 일선 공무원과 사회복지사도 사회복지의 가치와 전문성을 좀 더 넓힐 필요가 있다. 무엇보다 제주도 버스 노선만큼이나 케케묵은 민간 사회복지 전달 체계를 현실에 맞게 개편해야 한다.

오랜 시간 이어온 업무 관행을 하루아침에 바꾸기가 쉬운 일은 아니다. 변화가 두렵고 귀찮다고 불편한 방법을 고수하는 것도 어리석은 일이다. 제주도의 버스 노선이 하루아침에 개편된 게 아니다. 버스 노선 개편이 시행되기 3년 전부터 최적의 노선을 마련하기 위해 지자체와 시민이 끊임없이 논의했다. 논의 과정에 잡음이 많았고, 새로운 변화의 시작인 만큼 약간의 혼란은 불가피할 수도 있다. 하지만 시간이 지나면서 혼란은 곧 안정을 찾게 미련이다. 그것이 인간의 삶이고 능력이다.

사회복지도 의심하는 사람이 없는 공공서비스로 자리 잡게 하기 위해 차근차근 논의를 시작해야 할 때다. 구더기가 무서워 메주도 못 만든다면 평생 장맛을 볼 일은 없을 것이다. 지금까지 우리는 구더기가 생길 줄 뻔히 알면서 장을 담가왔다.

　제주도 버스 노선 개편 이후, 나는 차 대신 시내버스로 출퇴근한다. 노선이 다양해지고 편의 시설도 많이 개선됐다. 버스 안에서 와이파이도 무료다. 운전할 때와 달리 제주 바다를 볼 수 있다는 점이 가장 좋다. 이런저런 생각에 잠기기도 하고, 잠시 눈을 붙일 수 있다는 것도 장점이다. 지금 아는 것을 좀 더 일찍 알았으면 좋았을걸….

사진을
찍는다는 것

현대인은 하루 평균 10장이 넘는 사진을 찍고, 다른 사람이 찍은 사진을 50장가량 본다는 통계가 있다. 사람들이 매일 페이스북에 올리는 사진이 1초에 4000장씩 3억 5000만 장 이상이라고 한다. 스마트폰이 등장하고 불과 몇 년 만에 우리 삶은 수많은 사진으로 둘러싸였다. 사람들은 기뻐도, 슬퍼도, 즐거워도, 우울해도 사진을 찍는다. 심지어 직장에서도 사진 찍기는 일종의 기록으로, 중요한 업무 가운데 하나다. 사진을 찍고 싶어서 찍는 사람, 찍고 싶지 않아도 찍어야 하는 사람… 우리는 자의든 타의든 날마다 사진을 찍고 또 찍는다.

나도 사회복지사로 일하면서 사진을 많이 찍었다. 지난 10년 동안 찍은 사진이 족히 수천 장은 넘지 싶다. 사회복지사는 사진 찍을 일이 많다. 프로그램을 진행할 때, 회의할 때, 높은 분(흔히 정치인)이 참석하는 행사 때, 기부받을 때, 기부 물품을 어려운 이웃에게 전달할 때도 사진을 찍는다. 누가 "사회복지사는 왜 그렇게 열심히 사진을 찍느냐?"고 물으면 나는 대학에서 배운 대로 "사회복지의 홍보를 위해"라고 대답할 것이다. 사람들은 사회복지사가 찍은 훈훈한(?) 사진을 보며 개인주의가 판치는 각박한 세상이지만 사회복지라는 제도를 통해 따뜻하고 희망적인 면도 있다는 걸 알 수 있기 때문이다. 오른손이 하는 일을 왼손이 모르게 하라는 말이 무색하지만, 그렇다고 완전히 틀린 말은 아니다.

흔히 사회복지를 휴먼 서비스ʰᵘᵐᵃⁿ ˢᵉʳᵛⁱᶜᵉˢ*라고 한다. 인간을 대상으로 하는 휴먼 서비스는 어떤 행위만 있지 성과는 눈에 보이지 않고, 시간이 지나면 쏟아진 물처럼 주워 담을 수 없다. 더군다나 공무원처럼 국민이 낸 세금으로 일하는 사회복지사의 행위는 결과를 증명하지 않으면 안 한 것이나 마찬가지다. 분명 행위는 있지만, 눈으로 보이는 결과가 없으면 믿을 수 없는 모호한 관계에서 사진은 가장 확실한 증명 수단이다.

상황이 이렇다 보니 사회복지사는 더 좋은(행복해 보이는) 사진을 위해 사회복지 실천 기술보다 사진을 잘 찍는 기술을 배우고, 사진은 역시 '장비 빨'이라며 세금으로 비싼 카메라를 사기도 한다. 디지털카메라가 나온 뒤에는 같은 장면을 수십 장씩 연사(연속 촬영)로 촬영해 가장 행복한 순간을 가려낸다. 이렇게 사진 기술과 비싼 장비, 연사로 찍어 가려낸 사진 한 장은 현실에서 보이지 않

---

* 사회복지사나 요양보호사, 자원봉사자 등이 업무적 · 자발적으로
  제공하는 사회복지 서비스.

던 삶의 질과 행복이 고스란히 박제된 듯하다. 다른 방법은 없다. 오직 사진이 사회복지를 보여줄 수 있다. 그래서 사회복지사가 이토록 사진에 집착하는지도 모르겠다. 사람들은 사회복지사의 사진을 통해 각박한 세상에서 한 줄기 희망을 볼 수 있다지만, 사회복지사는 그 사진 때문에 삶이 더 각박해졌다.

사진은 작은 프레임에 세상을 가두는 틀이다. 프레임 바깥의 세상은 사진을 찍는 사람만 안다. 사진의 이미지는 결국 자신이 보고자 하는 세상을 일부만 도려내는 것이기 때문에 눈으로 보는 세상과 사진으로 보는 세상은 다르다. 사람들은 사진을 인위적으로 조작되지 않고 중립적인 카메라가 만든 진실한 이미지로 받아들인다. 하지만 셔터를 누르는 이의 가치철학과 그것이 놓인 현실적 맥락에 따라 사진의 정치적 의미는 쉽게 변하고, 그 신뢰성은 끝없이 추락한다.

사회복지 홍보를 위해 사진을 찍는다는 말이 궁색해지는 것도 사진의 교활한 이중성 때문이다. 사회복지사가 찍은 사진에는 사회복지에 대한 개인의 가치와 철학이 고스란히 드러난다. 나는 왜 사진을 찍는가? 목적은 무엇인가? 대상은 주민인가, 보이지 않는 권력인가? 고백하건대 평소에 사진을 찍는 내 모습에서 정치적이고 이중적인 자아를 발견한다. 셔터를 누르기 전에도 수많은 생각이 스쳐 지나간다. 그동안 나는 어떤 의도로 사진을 찍었는가.

제주도에 내려와 스마트복지관 시범 사업을 운영할 때는 특히 사진을 많이 찍었다. 당시 전국에서 수많은 사회복지사가 스마트복지관이 궁금해 제주로 찾아왔다. 이들에게 보여줄 건 역시 사진만 한 게 없었다. 그래서 더 열심히 찍고 보여줬는데, 스마트 복지에 큰 기대를 안고 온 이들은 스마트한(?) 사진에 반응이 냉랭했다. 스마트복지관에서 하는 일이 담긴 사진은 여느 사회복지사의 일과 다를 게 없었기 때문이다.

사람들은 내게 끊임없이 질문한다. 도대체 스마트 복지가 뭐냐고. 스마트복지관이 지금의 사회복지관과 무엇이 다르냐고. 나는 대답했다. 잘 모르겠다고, 나조차 아직 스마트 복지가 뭔지 확실한 해답을 찾지 못했다고, 하지만 조금씩 찾아가는 중이라고….

사람들은 같은 사진을 봐도 각자 그 의미를 달리 해석한다. 스마트복지관의 사진에서 어떤 사람은 스마트함을, 어떤 사람은 여느 때처럼 결과물과 성과를 찾아봤을 수도 있다. 사진은 찍는 사람의 의도만큼 보는 사람의 느낌도 중요하니까. 스마트복지관에서 찍은 사진이라고 스마트함과 행복을 담을 순 없다. 그러나 스마트복지관을 운영하면서 한 가지는 분명해졌다. 스마트 복지는 신뢰라는 것. 지금처럼 사진과 숫자에 집착하는 사회복지는 절대 스마트해질 수 없다는 점은 확실히 말할 수 있다.

사회복지 서비스를 전달하는 과정에서 사회복지사의 수많은 노력과 그에 따른 삶의 변화를 사진 한 장에 모두 담을 순 없다. 사회복지가 스마트해지려면 보지 않고도 믿을 수 있어야 한다. 활짝 웃는 사진이 아니라 프레임 바깥의 사람 냄새를 느낄 수 있어야 한다. 보이지 않는 것을 믿는 관계가 진정한 신뢰 관계고, 보여주지 않아도 모두 공감하는 사회복지가 스마트 복지다.

19세기 초 프랑스의 다게르Louis Daguerre가 사진을 발명하지 않았다면 우리 삶은 어떻게 됐을까? 사랑하는 가족과 연인의 얼굴을 품속에 간직할 수 없었을 테고, 수평선 너머 노을이 지는 풍경을 기억에 의존해 상상했을 것이다. 사진은 인간에게 가장 아름다운 발명품이다. 그런데 요즘은 사진에 너무 많은 의미를 담으려고 애쓴다. 사진 한 장을 두고 수많은 이해관계가 얽히고설켜 아주 복잡한 세상이 됐다. 사랑과 행복을 온전히 사진에 담기는 불가능하다. 오늘도 열심히 사진 찍을 사람들에게 한 가지 말해주고 싶다. "정말 소중한 건 눈에 보이지 않는다."

제주도 괸당 문화와
사회복지

대한민국 사람은 내 편이 아니다 싶으면 으르렁대다가도, 언제 그랬냐는 듯 뭉칠 때가 있다. 바로 국가 대항 축구 경기가 있을 때다. 2002년 한일월드컵은 온 나라가 하나 된 최고의 축제였다. 벌써 20년이 돼가지만, 지금도 기억이 생생하다. 당시에는 우리나라 경기가 있는 날이면 빨간 티셔츠를 입고 거리로 나섰다. 골이라도 넣으면 옆 사람을 부둥켜안고 미친 듯이 기뻐했다. 늘 해오던 편 가르기는 온데간데없고, 온 국민이 빨간 티셔츠를 입고 하나 된 광경을 본 세계 언론이 우리 국민성에 주목했다.

올림픽이나 월드컵처럼 4년에 한 번 열리는 운동경기를 예로 들지 않더라도 우리나라 사람은 어렵고 힘든 일은 서로 돕고 함께 슬퍼했으며, 좋은 일은 나누고 기뻐하며 더불어 살아왔다. 그런데 오늘날 뉴스에서 보는 대한민국은 편 가르기도 모자라 죽고 죽이는 살벌한 기운이 감돈다. 나는 사회복지사가 된 후 지역사회 복지 업무를 해왔는데, 점점 사람을 만나기가 어렵다는 걸 피부로 느낀다. 전 세계가 주목한 대한민국이 하나 된 모습이 어쩌면 4년에 한 번 나타나는 한민족 코스프레인지도 모른다는 생각이 자꾸 드는 이유다.

나는 스마트복지관 시범 사업을 준비하고 추진하기 위해 내려온 2016년부터 제주도에 살고 있다. 당시 제주도 이주 열풍이 불어, 주변 사람들이 많이 부러워했다. 그런데 나보다 먼저 제주 생활을 시작한 육지 사람은 나를 걱정했다. 그들은 하나같이 제주도에서 사회복지 일을 하기 쉽지 않을 거라고 얘기했다. 내가 의아해서 이유를 물으니 '괸당' 문화 때문이라고 했다. 제주 사람은 자기들 집단인 괸당끼리 어울리고, 외지에서 온 사람을 경계한다고. 내가 육지에서 이주한 '육지 것'이기 때문에 제주 사람과 어울리기 어렵다는 말이다. 그 말뜻이 이해하기 어렵고 불안해 소주잔만 기울인 기억이 난다.

나는 사회복지사다. 그것도 주민을 만나고 부딪히고 문제를 해결하는 지역사회 복지 일만 십수 년째 하는 자칭 '지역사회 복지 전문가'다. 나 같은 사회복지사가 특유의 지역 문화 앞에서 우물쭈물한다는 건 왠지 자존심 상하는 일이다. 괸당 문화가 도대체 뭐기에 이렇게 겁을 줄까.

제주 사람에게 물어보니 괸당은 친척과 인척은 물론이고 좀 더 넓은 의미로 가까이 지내는 동네 사람까지 일컫는다고 했다. 일상에서 자주, 친숙하게 쓰는 말이라고. 이렇게 정감 넘치는 제주의 토속적인 문화인데, 육지에서 온 사람이 왜 그토록 걱정하는지 이해가 잘 가지 않았다. 나는 앞으로 제주에 살며 주민과 함께 사회복지 일을 해야 하는 상황이라, 궁금증은 점점 커졌다.

궨당 문화에 대해 자세히 알고 싶어서 관련 자료를 좀 더 찾아봤다. 그런데 자료를 살펴볼수록 궨당은 제주 특유의 문화가 아니었다. 궨당은 우리나라 다른 지역에서 집안 어른이나 형제를 대소가大小家라고 부르는 것과 같은 의미다. 내가 어릴 적 살던 안동에서는 대소가 사람이 만나면 끔찍이 챙기고, 다른 대소가 사람과 달리 우리 대소가 사람만 유별나게 편애했다. 반대쪽 대소가 사람도 마찬가지였다. 대소가 문화는 제주의 궨당 문화보다 심하면 심했지, 덜하지 않다. 우리나라의 친족(혈족) 문화는 여전히 지역에 뿌리박혀 있다.

물론 지금은 지역사회가 점점 도시화하고 핵가족이 늘면서 친족 문화가 잊히는 추세지만, 제주의 궨당 문화는 다른 지역에 비해 그나마 잘 이어지는 것 같다. 우리 전통의 공동체 문화를 계승하지 못할망정 궨당 문화를 싸잡아 비난하는 건 옳지 않다. 궨당 문화는 육지 사람들에게 욕먹고 버려야 할 악습이 아니다. 지역사회 복지 일을 하는 사회복지사는 더더욱 잘 활용하고 만들어야 할 공동체 문화다.

나는 제주 사람이 섬이라는 지리적 특성과 4·3사건 같은 반목의 역사로 유난히 지역민끼리 뭉치고 외지인을 경계한다는 주장은 받아들이지 않았다. 이는 비단 제주 사람의 특색이 아니라, 대한민국 사람이면 누구나 있는 우리의 민족성이기 때문이다. 우리는 원래 단일민족이고, 왕족 사회의 세습된 역사가 오랜 세월 반복된 혈연 중심의 민족이다. 궨당은 우리가 뿌리 깊은 단일민족임을 보여주는 과거와 현재의 연결 고리인 셈이다. 괸당은 타파해야 할 구습이 아니라 우리나라 어디나 존재하는, 보존하고 계승해야 할 전통문화다.

최근 10년 사이 제주도 유입 인구가 10만 명을 넘어섰다. 하루에 30명꼴로 육지에서 제주로 이사한다는 뜻이다. 굳이 휴가철이 아니라도 제주의 관광 명소를 지나다 보면 지역민을 찾아보기 힘들 정도로 외지인이 많다. 관광산업이 제주 경제의 가장 큰 부분을 차지하는 건 맞지만, 갑작스러운 인구 유입과 무분별한 개발에 따른 자연 훼손으로 지금 제주도는 몸살을 앓고 있다.

나도 몇 년째 이곳에 살고 있지만 처음 왔을 때와 지금 제주는 확연히 다르다. 출퇴근 시간이 따로 없는 교통 체증, 쓰레기가 넘쳐나는 관광지, 날이 갈수록 무너지고 부서지는 제주의 자연을 보면 답답할 때가 한두 번이 아니다. 외지인인 나도 제주에 관광객이 그만 좀 왔으면 하는 생각이 들 정도다. 하물며 이곳에서 평생을 살아온 토박이는 오죽할까. 외지인(관광객) 때문에 발생하는 제주의 사회적인 문제는 생각하지 않고, 어디서 주워들은 '괸당'이라는 말로 제주 사람을 싸잡아 부정적인 집단주의자로 몰아가는 건 외지인이 만든 피해망상이다.

현대사회는 이웃사촌이 사라진 지 오래다. 우리 사회가 지나친 개인주의는 우려하면서 제주의 공동체 문화를 폄훼하는 건 문제가 있다. 괸당 문화는 우리가 사는 지역사회의 공동체 문화를 회복하기 위해서라도 계승하고 발전시켜야 할 고유의 가치다. 괸당 문화에는 우리가 그동안 잊고 지낸 가치, 즉 가족과 이웃을 서로 돕고 배려하는 미덕이 있다.

내가 무턱대고 제주에 왔을 때 걱정해준 이들의 우려와 달리, 제주는 사회복지 일을 하기 좋은 지역이다. 제주처럼 공동체 문화가 발달한 곳이라면 사회복지라는 제도가 무슨 소용이 있을까 싶기도 하다. 주민이 괸당을 중심으로 어울리고, 함께 마을을 가꾸고, 어려운 이웃을 가족처럼 돕는다면 우리 사회에서 사회복지는 사치에 불과할 것이다. 나는 괸당 문화를 통해 앞으로 해야 할 지역사회 복지의 본질을 찾고 싶어졌다.

환경 속의 인간
그리고 사회복지

2016년 12월 9일, 국회가 대통령 탄핵 소추안을 의결하고 헌법재판소에 접수한 지 92일 만에 대한민국 헌정사 최초로 현직 대통령이 파면됐다. 나는 제주도에서 복지관 직원들과 잠시 업무를 멈추고 헌법재판소장(권한대행)이 주문을 낭독하는 모습을 숨죽여 지켜봤다. 나 같은 일개 사회복지사에게 한 나라 대통령이 바뀌는 게 무슨 큰일인가 싶지만, 사실 남다른 사연이 있다. 내가 제주도에 내려와서 사회복지 일을 한 배경에는 이전 정부의 핵심 정책이 있기 때문이다.

직권남용, 직무 유기, 뇌물죄 등 국민을 상대로 한 국정 농단 사건으로 완주하지 못한 채 쓸쓸히 막을 내린 박근혜 정부의 반사 효과로 촛불 광장에 모인 시민과 이를 지켜보는 국민은 새로운 정부에 거는 기대가 어느 때보다 컸다. 나도 겉으로는 기뻐하며 새 정부의 출범을 축하했지만, 과거 정권이 바뀔 때마다 대체로 그랬듯이 발 빠르게 이전 정부의 흔적 지우기에 나서면 어쩌나 내심 불안했다. 문재인 정부는 대통령의 국정 농단 사건 이후 국민의 기대를 누구보다 잘 알기에, 후보 시절 '적폐'라고 규정한 내용을 포함해서 이전 정부의 주요 정책과 방향은 반드시 손볼 것이라 여겼기 때문이다. 당시 내가 제주에서 추진하던 스마트복지관 시범 사업은 이전 정부의 '정부 3.0' 정책에서 비롯됐다.

나는 잠시 '정부 3.0' 정책이 사라지면 일자리를 잃을 수도 있겠다고 생각했다. 지금까지 우리나라 사회복지는 늘 그랬으니까. 정권이 바뀔 때마다 경제와 복지 정책이 눈에 띄게 변했다. 우리나라 사회복지는 수면 위에 떨어진 낙엽처럼 바람 부는 대로 정처 없이 떠돌아다녔다. 그동안 수많은 복지 정책이 새롭게 시도됐고, 정권이 바뀌면 사라졌다. 나 같은 떠돌이 사회복지사의 일자리도 생겼다 없어지기를 반복했다. 이번에도 당연히 그럴 줄 알았다. 정부 정책 시범 사업인 줄 알면서 무작정 제주로 내려온 나 자신을 원망하고 후회했다. 지나온 날이 부질없게 느껴졌다. 나는 사형수처럼 운명의 날을 기다렸다.

그러던 어느 날, 문재인 정부 국정기획자문위원회가 앞으로 정부의 정책 추진 방향을 발표했다. 이전 정부에서 추진했다고 모든 정책을 폐기하지 않고, 필요성과 성과가 있다고 판단되는 사업은 당연히 유지해야 한다는 의견을 밝혔다. 핵심은 이전 정부의 정책과 사업이라고 무조건 폐기하지 않는다는 말이었다. 정권이 바뀔 때마다 갈아엎은 과거 정부와 어딘가 다른 모습에 놀란 가슴을 쓸어내렸다.

스마트복지관 정책 시범 사업은 중간에 정권이 바뀌는 위기를 만났지만, 다행히 사업 기간을 채웠다. 결과적으로 나는 지금 백수가 됐고 시범 사업의 흔적이 별로 없지만, 사회복지 환경 변화의 일부분이라고 합리화하면 그다지 가슴 아파할 일도 아니다. 언젠가 또다시 환경이나 분위기가 바뀌면 어떻게 변할지 모르는 게 사회복지이기에….

죄는 미워하되 사람은 미워하지 말라고 하던가. 결말이 좋지 않았지만, 박근혜 정부의 '창조 경제정책'은 다가올 미래를 준비한다는 측면에서 좋은 정책이라고 생각한다. 특히 공공 영역에서 '정부 3.0'으로 구현되는 행정 서비스 정책의 혁신이 돋보였다. 공공 정보를 개방·공유하고, 부처 간 칸막이를 없애고 소통·협력해 국민 맞춤형 서비스를 제공하며, 일자리 창출과 경제정책을 지원하는 정부 운영 패러다임으로 다분히 미래 지향적인 정책 변화라고 할 수 있다. 스마트복지관도 그 정책 변화의 결과물이니 나름대로 자부심을 느껴도 될까.

4차 산업혁명으로 대변되는 미래의 환경 변화를 준비하는 건 전 정부나 현 정부, 다음 정부와 상관없이 당연하고 본능적인 자세라고 본다. 그러나 정부 차원에서 미래 지향적인 정책 변화에 노력을 기울이는 데 비해, 민간 영역은 지금까지 정보 통신IT 업계를 제외하고 변화를 직감하기 어렵다.

오히려 젊은이 사이에서 현실에 안주하거나 오늘에 충실하고 작은 행복에 만족하는 분위기가 만연하다. 나 또한 '소확행' '한량' 등 요즘 젊은이와 비슷한 가치관으로 살지만, 사회복지에 관한 생각은 좀 결을 달리하고 싶다. 사회복지는 공공 영역이고, 정부의 정책과 사회 분위기에 맞춰 그때그때 민감하게 대처해야 하므로 정책이나 사회 변화보다 한 단계 앞서가는 게 중요하다. 그런데 내가 지금까지 일하면서 겪어온 민간 사회복지 영역은 도무지 움직일 생각을 하지 않는다. 말 그대로 '복지' 부동이다.

민간 사회복지 현장은 내가 일을 시작한 10년 전이나 지금이나 별로 달라진 게 없다. 공공 사회복지 정책은 이전 정부 때 3.0으로 업그레이드하겠다고 선언했다. 그런데 민간 사회복지 분야가 공공 영역과 담을 쌓았는지, 공공이 민간을 왕따 시키는지, 민간 사회복지 현장은 아직 2.0에도 미치지 못한다. 이는 나 혼자의 생각이 아니다. 지난 몇 년 동안 제주도 스마트복지관에 찾아온 사회복지사 수백 명의 공통된 의견이다. 사회복지 현장의 분위기를 짐작은 했지만, 확인하고 나니 왠지 씁쓸하다.

물론 민간 사회복지 영역도 제도적인 면에서는 정부의 정책에 따라 변화했다고 할 수 있다. 공공이 '갑'이고 민간은 '을'인 상황에서, 공공 정책이 바뀌면 민간은 따라갈 수밖에 없다. 정권이 바뀔 때마다, 장관이 바뀔 때마다, 시장이 바뀔 때마다 휩쓸리듯 껍데기만 바꾸는 걸 두고 어떻게 변화라고 할 수 있나. 이는 변화가 아니라 추종이다.

내가 스마트폰을 들고 현재 살아간다고 해서 저절로 요즘 사람이 되지 않는다. 생각과 행동(습관이나 관행), 가치관이 과거에 머물러 있다면 나는 꼰대일 뿐이다. 딸아이가 나를 옛날 사람이라고 부른다. 트와이스 노래를 따라 부르면 놀란 듯 요즘 사람이라고 칭찬할 때도 있다.

'정부 3.0'과 같은 정책의 변화가 기술혁신에 따른 외형의 변화만 의미하진 않을 것이다. 새로운 기술을 기반으로 플랫폼이 변화함에 따라 서비스 제공자(정부나 이를 위탁받은 민간)와 수요자(국민)의 관계 변화를 불러올 때, 정책의 성과를 이야기할 수 있을 것이다.

정부의 행정 서비스 개편과 마찬가지로 사회복지 제도와 같은 대국민 사회 서비스 분야에도 플랫폼의 변화가 필요하다. 사회복지의 혁신은 정책 혁신만으로 불가능하다. 이는 지금까지 수십 년간 정책이 변화했음에도 복지부동하는 사회복지 현실이 증명한다. 사회복지 서비스는 사회복지사가 플랫폼 역할을 담당한다. 사회복지사의 변화가 곧 플랫폼의 변화다. 그러려면 가장 먼저 사회복지 업무 환경이 구태에서 벗어나야 한다. 사회복지 플랫폼(사회복지사)이 변하면 관계가 변하고, 관계가 변하면 정책과 제도는 자연스럽게 변한다.

'환경 속의 인간person in environment'이라는 말이 있다. 인간은 개인과 타인, 물리적 환경과 사회적 환경 사이에서 서로 영향을 받고 적응해간다는 의미다. 다시 말해 환경이 변하면 인간도 변한다. 물리적·사회적 환경은 지금까지 많이 변했고, 이 순간에도 변하고 있다. 사회복지가 제도적·정책적으로 많은 변화가 있었지만, 정책이 변한 만큼 세상이 변했다는 생각은 들지 않는다. 환경이 변했는데 인간이 변하지 않으면 도태될 수밖에 없다. 인류는 수많은 환경 변화에도 살아남았다.

사회복지는 휴먼 서비스다. 사회복지는 정부와 국민 사이에서 가장 밀접한 관계에 있는 분야다. 사회적 환경이 변하는 만큼 민간 사회복지 현장도 변했으면 좋겠다. 사회복지사가 바뀌면 가장 좋겠지만 그리 쉬운 일은 아니다. 사회복지사를 둘러싼 물리적인 환경부터 바꾸면 사람은 적응하게 마련이다. 사회복지사도 환경속의 인간일 뿐이니까….

사회복지사는
누구인가?

2

PART

참 좋은 일
하시네요?!

"참 좋은 일 하시네요!" 처음 만난 사람에게 내가 사회복지사라고 소개하면 항상 듣는 말이다. 기분 나쁜 말은 아니지만, 썩 듣기 좋은 말도 아니다. 강도나 사기꾼이 아닌 이상 자기가 나쁜 일을 한다고 말할 사람이 있을까? 우리 동네 미용실 원장님도 좋은 일을 하시는데 말이다.

한번은 내가 왜 좋은 일을 하는 사람이라고 생각하는지 궁금해서 물어봤다. 이유는 간단했다. 사회복지사는 봉사하는 직업이 아니냐는 것이다. 할 말을 잃었다. 10년이 넘도록 사회복지사로 일하면서 한 번도 봉사한다고 생각해본 적이 없기 때문이다. 사회복지사도 평범한 월급쟁이일 뿐인데, 사람들은 왜 봉사하는 직업으로 생각할까?

원래 봉사라는 말은 남을 위해 자신은 돌보지 않고 애쓴다는 뜻인데, 어쩌다 사회복지사가 그런 직업인이 됐는지 궁금해졌다. 먼저 사회복지사를 법에서 어떻게 정의하는지 찾아봤다. 사회복지사법이라고 불리는 '사회복지사 등의 처우 및 지위 향상을 위한 법률'에서는 "사회복지사업을 행할 목적으로 설립된 사회복지법인 또는 사회복지시설에서 사회복지사업에 종사하는 자를 사회복지사 등"으로 정의한다. 사회복지사면 사회복지사지 하필이면 '사회복지사 등'으로 규정하니 왠지 뒤끝이 깔끔하지 않았다.

다른 법도 찾아봤다. 사회복지사업법 11조 1항(사회복지사 자격증의 발급 등)에는 "사회복지에 관한 전문 지식과 기술을 가진 사람에게 사회복지사 자격증을 발급할 수 있다"라고 나온다. 대한민국에 사회복지사를 깔끔하게 정의하는 법은 없었다. 2% 부족한 느낌이다. 법에서 사회복지사를 봉사하는 사람으로 규정하지 않는 점을 위안으로 삼아야 할까. 케케묵은 법률을 뒤진다고 사회복지사에 대한 사람들의 오해를 풀 속 시원한 답은 얻지 못할 것 같다.

약간 애매하긴 해도 사회복지사(등)에 관한 법률과 사회복지사의 자격을 규정하는 법이 엄연히 있는데, 사람들이 사회복지사를 '봉사하는 사람'으로 생각하는 이유가 무엇인지 궁금증은 아직 해소되지 않았다. 차라리 복지 일을 하는 사람이라고 하지, 왜 하필 봉사하는 사람이라고 생각하는지 괜히 속상하다. 곰곰이 생각해 보면 사람들이 사회복지를 잘못 인식하는 게 아닌가 싶다. 사회복지가 어려운 사람을 돕는 일(=봉사)이라고 생각하면 사회복지사를 자원봉사자로 여길 수 있을 것 같기도 하다.

사람들은 먹고살 만하면 사회복지를 자신과 전혀 상관이 없는 일로 생각한다. 사회복지를 국가와 사회가 배고프고 돈 없는 사람에게 베푸는 선행쯤으로 보기 때문이다. 사회복지가 어느 정도 보충적인 의미가 있다는 건 부인하기 어렵지만, 현대사회에서 사회복지는 점점 보편적인 정의로 인식된다. 그래도 사람들이 사회복지를 사회복지사나 자원봉사자가 하는 자선 활동으로 여기는 건 매우 안타까운 일이다.

사람들이 자선慈善과 정의正義를 혼동하기 때문은 아닐까? 사회복지사인 나조차 사회복지가 자선인지 정의인지 똑 부러지게 말을 못 하는데 일반인은 오죽할까 싶다. 이참에 자선과 정의에 대해 알아보고 싶었다. 두드리면 열릴 것이라고 했다. 사회복지사에게는 평생 숙제일 것 같던 이 난제의 해답을 책장에 꽂힌 오래된 고전에서 우연히 찾았다. 먼지가 뽀얗게 쌓여 펼치기조차 민망한 그 책은 애덤 스미스Adam Smith의 《도덕감정론The Theory of Moral Sentiments》이다. '보이지 않는 손' '경제학의 아버지'로 잘 알려진 애덤 스미스는 자신의 묘비명이 《도덕감정론》 저자'이길 바랐을 정도로 경제학자 이전에 도덕철학자였다.

그는 《도덕감정론》에서 사회질서의 기초를 구성하는 도덕원리는 감정에 근거한다고 했다. 사회질서는 두 가지 일반적 규칙general rules으로 이뤄지는데, 바로 '자선'과 '정의'라고 했다. 애덤 스미스는 그것을 하지 않았다고 해서 실망할 순 있어도 딱히 사회에 해를 끼치지 않는 것이 자선beneficence이라고 말했다. 반면 그것을 하지 않으면 사회에 해를 끼치기 때문에 강제적이라도 해야 하는 것이 정의justice라고 봤다. 다시 말해 자선은 부가적이고, 정의는 의무적이다. 애덤 스미스는 완전한 사회를 만들기 위해선 두 가지 규칙이 반드시 조화를 이뤄야 한다고 강조했다.

이 사상에 빗대어 사회복지를 다시 생각해본다. 애덤 스미스가 말한 '자선'의 시선으로 사회복지를 보면 사회복지사의 활동이 좋은 일이 될 수 있다. 하지만 사람들은 사회복지를 하지 않는다고 해서 우리 사회에 아무런 문제도 발생하지 않는다고 생각할 것이다. 사회복지를 '정의'의 시선으로 보면 어떨까? 사회복지사의 활동(사회복지)은 의무여야 하고, 사람들은 그 일을 하지 않으면 사회에 큰 문제가 발생할 수 있다고 생각할 것이다. 이렇듯 사회복지를 자선으로 보느냐, 정의로 보느냐에 따라 그 의미와 필요성이 완전히 달라진다.

지금 내가 하는 사회복지는 과연 자선일까, 정의일까? 현재 우리나라 지자체의 사회복지 예산(보건 포함)이 전체 예산의 30%에 육박하는 수준임을 고려하면, 우리 사회에서 사회복지는 제도적으로 정착된 사회정의라고 불러도 무방하다. 애덤 스미스의 말처럼 정의는 마땅히 행해야 하고 이를 위반했을 때는 강제로라도 지켜야 할 사회질서이자 규칙이기 때문에, 사회복지도 없어선 안 되고 반드시 해야 하는 사회적 요소가 됐다. 따라서 사회복지사는 희생하고 봉사하는 사람이 아니라, '우리 사회의 정의를 위해 마땅히 해야 할 일을 공적으로 수행하는 전문가'로 인식하는 것이 옳다고 본다.

현장에서 활동하다 보면 사람들이 가끔 사회복지를 자선과 정의로 혼동해서 눈살을 찌푸리게 하는 상황을 경험한다. 사회복지 서비스를 받는 대상자가 사회복지를 당연한 권리이자 사회적 의무로 생각하는 바람에, 애써 찾아온 사회복지사를 윽박지르거나 하대하는 경우가 있다. 사회복지 서비스를 제공하는 사회복지사나 공무원이 사회복지를 자선으로 생각한 나머지, 서비스받는 대상자에게 권위적인 태도를 보이거나 대상자를 낙인찍는 경우도 종종 있다.

애덤 스미스는 자선은 감사에서, 정의는 분노에서 비롯되므로 자선과 정의가 조화를 이뤄야 완전한 사회를 만들 수 있다고 했다. 사회복지는 사회적 정의이기도 하고, 사회적 미덕이기도 하다. 그래서 사회복지는 자선과 정의, 그 사이 어딘가에 있어야 한다고 생각한다. 우리 사회도, 사회복지도 260여 년 전 애덤 스미스가 말한 것처럼 자선과 정의가 조화를 이룰 때 완전해질 수 있다고 믿는다.

우리가 하는 사업이란 무엇인가?

'경영학의 아버지'라 불리는 피터 드러커Peter Drucker 는 기업의 리더에게 곤란한 질문을 많이 하는 것으로 정평이 난 인물이다. 그래서 원래 직업이 컨설턴트지만, 스스로 인설턴트 insultant(insult는 '모욕하다'라는 뜻)라 칭했다.

1989년, 피터 드러커는 자신을 만나러 온 서비스 용역 회사 의 사장과 직원들에게 질문했다. "당신들이 하는 사업은 무엇 입니까?" 직원들은 각각 자신이 맡은 사업부가 하는 일을 중심 으로 대답했다. "주택 청소입니다." "해충 박멸이죠." "잔디 관 리요." 대답을 들은 피터 드러커는 날카롭게 잘라 말했다. "모 두 틀렸소. 여러분은 자기 회사가 하는 사업을 이해하지 못하 고 있소. 여러분의 회사가 하는 사업은 미숙련한 사람을 훈련 하고, 그들이 기능을 발휘하도록 하는 것이오."

이 일화는 내게 적잖은 충격으로 다가왔다. 나는 기업을 운영하는 사업가는 아니지만, 둘째가라면 서러워할 정도로 사업을 많이 하는 사회복지사social worker(사회사업가)이기 때문이다. 누가 내게 "사회복지사가 하는 사업이 무엇인가?" 물으면 과연 뭐라고 대답할까. 오랜만에 책장에 꽂힌 피터 드러커의 책을 읽다가 잠시 사색에 잠긴다.

"우리 회사가 하는 사업은 무엇인가?"라는 질문에 답하는 것은 직장인에게 어려운 일이 아니다. 제철 회사는 철강을 생산하고, 철도 회사는 승객과 화물을 수송하고, 손해보험 회사는 고객에게서 보험을 인수하는 것이 명백한 사실이기 때문이다. 실제로 나는 복지관을 찾아오는 수많은 사회복지사에게 "선생님이 하는 사업은 무엇인가요?"라고 묻는다. 이때 열 명이면 열 명 모두 "사례 관리 담당입니다" "주민 조직 사업을 하고 있습니다" "저는 사업 담당은 아니고 회계 업무를 합니다" 식으로 대답한다. 이는 사회복지사라면 명백한 사실이기에 의심할 여지가 없다. 그러나 피터 드러커가 이 대답을 들으면 이렇게 말했을 것이다. "사회복지사, 당신들은 모두 틀렸소!"

피터 드러커는 "'우리가 하는 사업은 무엇인가?'는 항상 깊이 생각하고 연구한 뒤에야 대답할 수 있는 어려운 질문"이라고 말한다. 그는 보통의 경영학자와 달리 가치에 기반을 둔 학자다. 가치는 피터 드러커가 리더에게 질문할 때 중요시한 요소 가운데 하나다. 사업에 대한 인식도 개인이나 회사의 가치 기준에서 비롯돼야 한다고 했다. 사회복지사업에서 가치는 영리를 목적으로 하는 어떤 기업의 사업 가치보다 중요한 요소다. 사회복지사업에 대한 인식도 바로 여기서 출발해야 한다.

그렇다면 사회복지사업을 수행하는 사회복지사의 가치는 뭘까? 미국사회복지사협회NASW 윤리 강령 전문에 "사회복지사의 사명은 일련의 핵심 가치에 근원이 있고, 이 핵심 가치가 사회복지 실천의 기초가 된다"라고 쓰여 있다. 여기서 말하는 '일련의 핵심 가치'는 서비스, 사회정의, 인간의 존엄성과 가치 존중, 인간관계의 중요성, 성실, 전문성이다. 이 핵심 가치는 사회복지사의 전문성을 반영하고, 핵심 가치에서 나오는 원칙은 인간 삶의 복잡성과 관계 상황에서 균형을 이뤄야 한다고 명시한다.

충분히 공감이 가는 내용이다. 사회복지사의 가치를 인식하고 나서 피터 드러커가 던진 질문을 다시 생각해보니 정말 고민스럽고 어렵다. '내가 그동안 가치에 바탕을 두고 사회복지사업을 수행했나?' 하는 반문인지도 모른다. 피터 드러커가 던진 짧은 질문이 10년이 넘는 사회복지사의 삶에서 이렇게 큰 난제가 될 줄은 꿈에도 몰랐다. 여러 가지 복잡한 생각과 해답을 찾고 싶은 설렘을 안고 남은 책장을 넘긴다.

피터 드러커는 가끔 독설가로 불리기도 했지만, 컨설턴트답게 정답을 주기보다 내담자가 스스로 답을 찾을 수 있도록 차분히 방향을 제시한다. 그는 기업으로서 '우리가 하는 사업은 무엇인가?'라는 질문에 대답은 소비자가 결정하는 거라고 말한다. 다시 말해 이런 질문의 해답은 사업을 외부에서 들여다볼 때, 즉 고객과 시장의 관점에서 바라볼 때 찾을 수 있다는 말이다.

피터 드러커의 말에서 '경영자'를 '사회복지사'로 바꾸면 이해하기 쉽다. 사회복지사는 클라이언트가 보는 것, 생각하는 것, 믿는 것, 원하는 것을 검토할 가치가 있는 객관적인 사실로 받아들여야 한다. 사회복지사는 클라이언트의 마음을 추측하려 하기보다 그들에게서 진솔한 대답을 구하기 위해 의식적으로 노력해야 한다. 내게는 피터 드러커의 대답이 반전이었다. 지난날 나 자신에게서 답을 찾으려고 한 것을 반성했다. 글을 쓰는 내내 피터 드러커가 내 귀에 속삭이는 것 같다. '당신이 하는 사업은 무엇인가?'

사람들은 보통 사업을 넓은 바다를 항해하는 배에 비유한다. 항해할 때는 맑은 날만 있지 않다. 폭풍을 만나면 항로를 벗어나는 때도 있다. 짙은 안개 속에서는 배가 천천히 나갈 테고, 어쩌다 태풍을 만나면 아예 전진하지 못할 수도 있다. 나침반은 악천후에도 배가 나가야 할 방향을 알려준다. 가치는 우리의 사업이 무엇인지 알려주는 나침반과 같다. 나침반이 고장 난 배는 목적지에 제대로 찾아갈 수 없다. 사회복지의 배를 탄 사회복지사도 마찬가지다. 사회복지사는 자신과 조직의 공통된 가치를 미리 깨닫고 일할 수 있어야 한다.

나는 사회복지사의 목적지가 정확히 어디인지 아직 잘 모르겠다. 하지만 이 일을 할수록 사회복지의 가치를 잃지 않아야 한다는 게 분명해진다. 사회복지사로 살면서 비록 먼 길을 돌아왔지만, 결국 나는 사회복지 나침반이 가리키는 목적지에 닿을 수 있으리라 믿는다.

사회복지사의 슬픈 자화상

사회복지사는 전문가인가? ① 전문가의 조건

"사회복지사는 전문가인가?" 누가 내게 이런 질문을 하면 당연히 "그렇다!"라고 대답하겠지만, 속으로는 의구심이 든다. 나는 항상 사회복지사가 전문가라고 다짐하며 살지만, 인터넷에서 설문지를 작성하거나 회원 가입할 때 직업을 전문직으로 표시해야 할지 서비스업으로 표시해야 할지, 기타에 '사회복지사'라고 써야 할지 망설인다. 삼수에 걸쳐 그 어렵다는 사회복지사 1급 시험에 합격했는데도 현실적으로 그게 무슨 소용이 있나 싶을 때가 많다. 나는 10년이 넘도록 사회복지사로 살았지만, 지금도 전문가라는 확신이 들지 않아 자괴감이 앞선다.

우리 사회에서 전문가는 분야마다 다른 기준에 따라 정의된다. 보통 해당 분야에 대한 지식을 많이 쌓은 사람을 전문가라고 부른다. 학계의 박사나 교수, 연구원 등이 여기에 속한다. 학력과 상관없이 한 분야에서 경력을 쌓아 숙련된 기술을 갖춘 사람을 전문가로 인정하기도 하는데, 이들은 기능장이나 기술사, 장인 등으로 불린다. 특정한 직업이나 일을 할 수 있도록 면허를 딴 사람도 전문가로 인정받는다. 의사, 변호사, 공인회계사 등 '사' 자가 들어가는 직업이 여기에 해당한다.

사회복지사도 '사' 자가 들어가는 직업이고, 대학에서 사회복지 관련 전문 지식을 쌓아야 자격이 주어지며, 사회복지사 자격증이 없이는 사회복지와 관련된 업무에 종사할 수 없다. 일부는 1년에 한 번 치르는 국가고시를 통해 상급 자격을 부여받으니 전문가라 해도 손색없을 것 같다. 사회복지사가 전문가로 불리는 게 왠지 어색한 건 자격지심일까.

사회복지 분야에서 전문가라고 하면 누구나 가장 먼저 사회복지사를 떠올린다. 하지만 우리 사회에서 사회복지사가 진정 전문가로 인정받으려면 적어도 세 가지 조건을 갖춰야 한다고 본다. 첫째, 전문가에 걸맞은 사회복지사 자격에 관한 단행 법률의 존재다. 예를 들면 '변호사법' '의료법' '약사법' 같은 법 말이다. 우리가 익히 전문가로 아는 의사, 변호사, 공인회계사 등은 1950년대부터 단행 법률을 만들어 시행했다.

사회복지사도 의사와 변호사처럼 자격을 규정하는 정도는 아니지만, 2012년부터 '사회복지사 등의 처우 및 지위 향상을 위한 법률'을 시행했다. 그러나 법률 대상이 '사회복지사 등'으로 표기돼 전문가로서 사회복지사의 위상을 높이는 데 한계가 있다는 지적이 많다. 법 조항에 '~을 위해 노력한다' '~을 할 수 있다' 등 모호한 표현이 많아서 강제성이 없다는 점도 모양 빠지는 일이다. 늦은 감이 있지만, 법률이 이만큼이라도 제정되기까지 선배 사회복지사들이 피나게 노력했고, 이를 통해 사회복지사가 전문가로서 법적인 위상을 인정받는 초석이 마련됐으니 고마운 일이다.

사회복지사가 전문가로 인정받기 위한 둘째 조건은 전문가의 희소성이다. 희소성이 높으면 가치와 위상도 높아진다. 일반적으로 잘 알려진 전문가의 연간 자격증 발급 건수는 의사 3300여 건, 변호사 1600여 건, 공인회계사 1000여 건, 세무사 700여 건, 변리사 200여 건 등으로 자격증 따기가 하늘의 별 따기보다 어렵다. 이에 반해 사회복지사(2급) 자격증 발급 건수는 놀랍게도 80만 건에 육박한다. 같은 해 운전면허 발급 건수가 100만 건인 것과 비교하면 사회복지사 자격증 수준이 대충 짐작이 간다. 사회복지사 자격증도 운전면허처럼 어느 집이나 장롱에 하나쯤 있을 법한 '국민 자격증 시대'가 멀지 않은 것 같다.

해마다 사회복지사가 수십만 명씩 쏟아져 나오지만, 일할 곳은 얼마 되지 않는다는 게 더 큰 문제다. 사회복지사 자격증이 난무하니 공급과잉으로 노동시장 불균형이 지속될 것은 불 보듯 뻔한 일이다. 전문가로서 사회복지사의 가치와 위상도 떨어진다. 한국사회복지사협회는 얼마 되지 않는 회비를 걷느라 열을 올리지 말고 자격제도를 정비하는 데 신경 좀 썼으면 좋겠다.

셋째, 전문가에 대한 사회 통념상 인식이다. 우리 사회에서 전문가라고 불리는 사람은 속칭 '자타 공인 전문가'와 '자칭 전문가'로 나눌 수 있다. 자타 공인 전문가라고 하면 앞서 말했듯이 변호사, 의사, 세무사 등 '사' 자가 들어가는 직업을 일컫는다. 이런 전문가 직업군은 희소성도 희소성이지만 고소득이 보장되다 보니,

은행에 대출 상품이 따로 있을 정도로 사회적인 대우가 남다르다. 사회 통념상 인식이 높다는 의미다.

반면 사회복지사는 자칭 전문가다. 사회복지사는 전문가라는 말이 무색할 정도로 처우가 형편없고, 자원봉사자 정도로 인식돼 어디 가서 함부로 명함도 못 내미는 실정이다. 사회복지사를 꾸준히 전문가라고 부르는 건 당사자뿐이다. 전문가는 사회 구성원에게 인정받을 때 비로소 전문가의 위상을 얻을 수 있다. 그 흔한 운전면허를 가진 사람도 스스로 운전 전문가라고 떠들고 다니면 운전 실력을 과시하거나 자만하는 사람으로 보이지만, 옆자리에 탄 사람이 "와~ 당신은 정말 운전을 잘하는군요. 운전 전문가 같아요!"라고 하면 전문가가 될 수 있는 것과 같은 맥락이다.

사회복지사가 전문가로 인정받기 위해선 아직 갈 길이 멀다. 가장 먼저 자격제도를 개선하고, 처우와 업무 환경도 사회 통념상 전문가 수준으로 높여야 한다. 사회복지사가 전문가의 자질을 갖추는 게 무엇보다 중요하다. 고도화된 전문 지식은 기본이고, 체계적인 업무 수행도 중요한 요소 가운데 하나다. 이 모든 걸 갖췄다면 업무의 자율성을 보장받으면 좋겠다. 그렇게 된다면 사회복지사는 스스로 높은 도덕성을 갖추는 진정한 전문가의 반열에 오를 수 있을 것이다. 사회복지사가 이 모든 걸 감당할 수 있을지 걱정이긴 하다.

"우리도 '사' 자 들어가는 직업인데…." 사회복지사끼리 모이면 신세 한탄하며 자주 하는 말이다. 나를 포함한 대한민국 사회복지사의 슬픈 자화상이다. 사회복지사가 전문가로서 확신을 못 하는 건 사회적인 벽에 가로막혔기 때문이기도 하다. 사회복지를 대표하는 각계각층의 단체가 알음알음 법과 제도를 개선하려고 노력하지만, 굳어진 사회적 인식을 바꾸는 데 여전히 부족해 보인다.

전문가의 사회적 인식은 법과 제도만으로 만들어지지 않는다. 온 국민이 사회복지사를 전문가로 인정하기 위해서는 행동action보다 운동movement이 필요하다. 우리나라에 100만 명이 넘는 사회복지사가 있는데 두려워할 것 없다. 일단 해보자. 전문가가 되는 그날까지.

멀티플레이어가 된 사회복지사

사회복지사는 전문가인가? ② 전문가의 일상

나는 사회복지사가 되고 얼마 지나지 않았을 때부터 줄곧 선배들에게 "사회복지사는 멀티플레이어가 돼야 한다"는 말을 들었다. 내가 선배가 된 지금 후배들에게 자주 하는 말이기도 하다. 예나 지금이나 사회복지사가 멀티플레이어가 돼야 한다는 말은 이 바닥에서 진리처럼 여겨진다.

실제로 사회복지사는 여러 가지 일을 한다. 예컨대 사회복지사가 프로그램을 하나 맡으면 계획 수립부터 프로그램 운영, 홍보물 제작, 자원봉사자 모집, 후원처 개발, 송영 업무(프로그램 이용자나 자원봉사자를 차에 태워 이동시키는 일)까지 도맡는다. 이런 패키지 업무 두어 개는 기본이니 멀티플레이어라고 불리기에 손색이 없다. 소방 안전 관리, 엘리베이터 관리, 차량 관리, 식당 보조, 컴퓨터 수리 등 시설 관리나 잡무도 추가될 수 있다. 이런 일에는 남녀 사회복지사가 따로 없다. 나도 10년이 넘도록 이렇게 살아서인지 가끔 직원들이 만류해도 잘 모르는 일에 소매를 걷어붙인다.

세계적으로 유명한 호날두와 메시는 축구를 모르는 사람들도 잘 안다. 골을 정말 잘 넣는 전문 공격수, 일명 '골잡이'이기 때문이다. 반면에 로베르토와 램지 같은 선수는 잘 모른다. 웬만큼 축구에 관심 있는 사람이 아니면 아는 사람이 별로 없는 낯선 이름이다. 로베르토와 램지는 유럽 축구 리그에서 손꼽히는 멀티플레이어다. 이들은 공격부터 수비까지 경기장의 오른쪽, 왼쪽 가리지 않고 감독이 원하는 플레이를 펼친다.

사람들은 왜 호날두와 메시는 잘 알면서 축구를 엄청나게 잘하는 로베르토나 램지는 모를까? 멀티플레이어가 반드시 좋은 것은 아니기 때문이다. 축구에서 멀티플레이어는 많은 포지션을 소화하는 다재다능의 표상이지만, 주특기가 없다는 의미일 수도 있다. 상황에 따라 멀티플레이어의 존재가 팀에서 그 포지션을 소화할 선수가 없다는 뜻이기도 해서, 자칫 팀 전력이 노출되는 원인이 된다. 축구는 11명이 뛰는 경기다. 호날두와 메시처럼 맨 앞에서 골을 넣는 공격수뿐만 아니라 미드필더와 수비수, 골키퍼까지 다양한 선수가 함께 뛴다. 11명이 각자 맡은 역할을 제대로 하고 조화를 이룰 때 승리할 수 있다.

축구장에서나 있을 법한 멀티플레이어가 사회복지사의 일상에 따라다니는 건 어딘가 많이 어색하다. 곰곰이 생각해보니 선배들이 내게 멀티플레이어가 되라고 한 건 다른 의도가 있지 않았나 싶다. 말이 좋아서 멀티플레이어지, 예산이 부족하다는 핑계로 이 일 저 일 부려 먹기 위해 한 말이었다. 그러면서도 선배들은 항상 사회복지사는 전문가라고 주장하고 다녔다. 전문가에 대해 제대로 알고 하는 말인지 모르겠다. 스스로 전문가라고 하면서 부하 직원에게 멀티플레이어가 되라고 강요하는 건 앞뒤가 맞지 않는다.

전문가란 무엇인가? 전문가는 특정 분야에서 전문 기술이나 권위가 있는 사람이다. 다양한 분야에서 이것저것 잘하는 사람은 전문가가 아니라 열심히 사는 사람이다. 축구에서 공격수가 수비에 가담하는 건 팀이 위기 상황일 때뿐이다. 수비는 전문 수비수에게 맡기고 힘을 비축하면서 완벽한 찬스를 노리는 게 전문 공격수다운 모습이다. 사회복지사도 전문가라면 마땅히 그래야 한다. 멀티플레이어는 전문가와 어울리지 않는 말이다.

그동안 내가 멀티플레이어만큼 많이 들은 말이 '소진burnout'이다. 구체적으로 말하면 '사회복지사 직무에 대한 소진'이다. 직무 소진은 오랫동안 반복적으로 정서적 압박을 받은 결과, 신체와 심리, 정신이 메말라가는 부정적 상태를 말한다.

사회복지사에게 소진이 왜 그렇게 중요한 문제인지 이제야 알 것 같다. 직장인에게 소진은 닥치는 대로 일하면 합병증처럼 따라온다. 사회복지사의 업무가 기능적으로 할당되지 않고 직무(담당 업무)에 따라 주어지다 보니, 그만큼 업무 부담이 크다. 개인의 역량은 따지지 않고 사업 성과(숫자)에만 신경 쓴 결과다. 상황이 이러니 사회복지사는 야근을 밥 먹듯이 한다. 어쩌다 관리자가 된 사람은 예산이 부족하다는 핑계로 적절한 보상은커녕 책임을 회피한다. 그러는 사이에 사회복지사는 소진은 기본이고, 정체성 혼란에 빠진다.

사회복지사에게 소진이 자주 찾아오는 원인은 단지 개인의 역량 부족이 아니다. 예산이 부족해서 사회복지사를 많이 채용하지 못하기도 하지만, 멀티플레이를 강요하는 고질적인 업무 관행이 가장 크다. 사회복지사가 정체성 혼란에 빠지는 원인도 마찬가지다. 사회복지사의 역량을 강화한답시고 보수교육을 하는 곳에서는 홍보, 모금, 회계 등 멀티플레이 교육을 주로 하고, 다른 한편에서는 사회복지사의 소진을 예방하고 힐링을 한답시고 해외여행을 보내주니 '병 주고 약 준다'는 말이 딱 들어맞는다.

뭐든지 잘하고 열심히 한다고 전문가가 아니다. 우리가 잘 아는 전문가 중에서 뭐든지 잘하는 전문가는 없다. 하나만 잘해야 전문가다. 뭐든지 잘하면 빨리 소진될 뿐이다. 사회복지사가 멀티플레이어가 되길 원한다면 전문가이길 포기하는 것과 같다. 사회복지사는 멀티플레이어가 아니라 각기 다른 사회복지 분야에서 스페셜리스트가 돼야 한다. 이것이 진정한 전문가의 길이다.

사회복지사, 너의 이름은?

사회복지사는 전문가인가? ③전문가의 호칭

어느 날, 대학을 갓 졸업하고 복지관에 입사한 신입 사회복지사가 고민이 있다며 조심스레 말을 걸었다. 복지관에 자주 오시는 할아버지가 자꾸 '아가씨'라고 불러 속상하다고 했다. 나는 사뭇 진지한 신입 직원의 모습에 뭐라고 대답해야 할지 잠시 고민에 빠졌다. 얼른 정신 차리고 그 직원을 다독이며, 연세가 지긋한 어르신들은 사회복지사가 무슨 일을 하는 사람인지 잘 몰라서 간혹 그런 경우가 있다고 대충 넘어가려 했다. 다음에 그 할아버지를 다시 만나면 명함을 드리며 사회복지사라고 정중히 소개하라고 업무 지시(?)까지 내렸다.

그 직원을 돌려보내고 혼자 책상에 앉아 곰곰이 생각해보니 내가 한 말이 후회됐다. 입사한 지 얼마 되지도 않은 사회복지사가 낯선 할아버지에게서 들은 호칭에 얼마나 황당했을지 챙기지 못했다. 직원은 몹시 불쾌했을 테고, '내가 이러려고 사회복지사가 됐나' 자괴감도 들지 않았을까 싶다. 직장 상사인 나까지 별일 아닌 듯 넘어가려고 했으니, 두 번 상처 받지 않았을까 미안했다.

한편으로는 그 할아버지 처지에서 생각해봤다. 할아버지는 거의 매일 찾아오는 복지관에서 마주치는 손녀뻘 되는 직원을 뭐라고 불러야 할지 마땅히 떠오르는 호칭이 없었을 테고, 누구 하나 알려주는 사람도 없으니 답답했을 것이다. 우연히 신입 직원이 쏘아 올린 공 때문에 마음이 복잡한 하루였다. 과연 사회복지사는 어떤 이름으로 불러야 할까?

호칭 문제는 사회복지사뿐만 아니라 '전문가'로 불리는 전문직 종사자의 일상에서 흔한 일이다. 한 설문 조사에 따르면 병원에서 환자가 의사를 보통 '의사 선생님'이라고 할 것 같지만, 실제로는 '저기요'가 가장 많다고 한다. 간호사의 상황은 심각하다. '저기요'는 기본이고, '언니' '아가씨' '총각' 심지어 '어이' '야' 등 성희롱에 가까운 호칭이 난무한다고 한다. 병원이라는 한정된 공간에서 흰 가운을 입고 명확하게 신분이 적힌 명찰까지 단 사람들인데도 이렇게 홀대받을 줄은 몰랐다. 환자의 생명을 다루는 의사와 간호사의 상황이 이 정도라면, 사회복지사의 일상은 어떨지 대충 짐작이 간다.

대한민국 사회에서, 특히 직장인에게 호칭은 정말 중요하다. 우리는 직장에서 새로운 사람을 만나면 가장 먼저 명함을 건네며 자신이 속한 조직과 직급을 알린다. 명함에 적힌 대로 '김 과장님' '박 부장님'으로 호칭하고, 어쩌다 명함에 직급이 없으면 뭐라고 불러야 할지 물어보는 게 예의다. 혹시 성씨라도 같은 날에는 업무와 상관없는 본적과 항렬까지 호구조사로 이어진다. 호구조사는 오래 걸리지 않는다. 결과에 따라 '김 과장님'이 '김 과장'으로 바뀌기도 하고, 쌍방이 호탕한 사람이라면 생면부지가 순식간에 형님 동생이 되기도 한다.

이렇듯 우리의 호칭 문화에는 가족이나 친구가 아닌 다음에야 반드시 둘의 서열이 투영된다고 볼 수 있다. 그래서 요즘은 병원이든 사회복지관이든 연장자와 상대적으로 나이가 어린(어려 보이는) 사람 사이에 벌어지는 호칭 문제가 비일비재하다. 이런 현상은 오랫동안 뿌리박힌 유교 문화의 잔재라고도 볼 수 있다.

유교적 위계질서에 따른 호칭 문화는 지금까지 이어진다. 사회복지 조직도 예외는 아니다. 내가 처음 복지관에서 사회복지사로 일할 때 사람들은 '선생님'이라고 불렀다. 아니나 다를까, 사회복지사들은 오늘 처음 만난 사이라도 상대가 사회복지사임을 확인하면 약속이나 한 듯 선생님이라고 했다. 처음에는 나도 이 호칭이 어색하지 않았다. 선생님은 처음 만난 상대를 높여 부르는 의미로 이해했기 때문이다.

선생님이란 호칭이 그리 오래 쓰이진 않았다. 처음 만났을 때는 서로 선생님이라 부르다가도 상대방의 직급이 확인되는 순간, '과장님' '부장님'으로 호칭하기 때문이다. 직급을 확인한 뒤에도 선생님이라고 부르면 왠지 하대하는 느낌이랄까. 그렇다면 사회복지사끼리 부르는 선생님은 상대 사회복지사를 높여 부르는 말이 아니라 입사한 지 얼마 안 돼 직급이 없는 신입이거나 직급이 확인되지 않은 사회복지사를 부르는 말이다. 정확히 말하면 사회복지사를 부르는 말이 딱히 없다.

어떻게 된 영문인지 사회복지 현장 어디서도 '사회복지사'의 이름은 찾아볼 수 없다. 그러고 보니 나 역시 10년이 넘도록 사회복지사로 살아오면서 남들이 나를 사회복지사로 불러준 적이 한 번도 없었다. 처음 몇 년은 이유도 모른 채 '선생님'으로 불리다가, 운 좋게 승진한 뒤에는 남들과 마찬가지로 '팀장님' '과장님'으로 불렸다.

나를 사회복지사로 소개하지 않는 이상, 남들이 나를 사회복지사로 생각할 리 만무했다. 그러다 보니 나 자신조차 점점 내가 사회복지사라는 걸 잊고 살지 않는지 고민스러울 때가 많았다. 사회복지사끼리도 '선생님'(대개 '쌤')이라고 부르는데, 팔순이 넘은 할아버지가 복지관에 있는 사회복지사(겉모습만 봐선 일반인과 전혀 구별되지 않고 신분이 불확실한 젊은이)를 대할 때 적절한 호칭을 기대하는 것부터 모순처럼 느껴진다.

사회복지사는 국가에서 자격을 인정한 전문가다. 국가에서 사회복지사에게 전문가 자격을 주는 건 해당 업무에 전문 지식과 능력을 갖춘 사람으로 인정하기 때문이다. 검사나 변호사, 의사, 세무사, 건축사 등 '사' 자가 들어가는 직업군도 마찬가지다. 이런 사람들의 호칭을 한번 생각해보자. 검사는 '검사님', 변호사는 '변호사님', 의사는 '의사 선생님'인데, 사회복지사는 '쌤'이다. 모두 '사' 자가 들어가는 직업이지만, 호칭에 따라 사회적 위상이 어떻게 달라지는지 굳이 설명하지 않아도 알 것 같다.

사회복지사라는 이름이 부끄러운가. 나도 한때 그런 적이 있었다. 사회복지사라고 딱히 내세울 것도 없고, 전문가라기엔 너무나 초라한 현실에 신분을 숨기고 싶었는지 모르겠다. 최근 사회복지 현장에서 터져 나오는 여러 가지 비리와 관련된 문제도 사회복지사로 자각하지 못한 데서 벌어진 일이 아닐까 싶다. 내가 누구인지, 사회복지사가 무슨 일을 하는 사람인지 제대로 알면 그런 해괴망측한 일은 저지르지 못할 텐데 말이다. 전문가로서 사회복지사의 위상을 되찾기 위해 높은 전문성과 도덕성을 갖춰야겠지만, 그보다 먼저 자신이 누구인지, 왜 존재하는지 알아차리는 게 중요하다.

누가 나를 사회복지사라고 불러주기 전에 나는 직장인에 지나지 않는다. 내가 나를, 남들이 나를, 사회복지사가 사회복지사를 '사회복지사'라고 불러줄 때, 나는 비로소 사회복지사가 된다. 정체성은 그의 이름을 불러줄 때 찾을 수 있다.

보수교육의
추억

　　요즘은 코로나19 확산 방지를 위한 사회적 거리 두기 때문에 일상의 모습이 많이 달라졌지만, 해마다 연말연시에는 삼삼오오 거리로 나와 송구영신 분위기를 즐긴다. 사회복지사는 연말 분위기를 즐기기는커녕 여기저기서 들어오는 후원과 기부 덕분에 평소보다 바쁘다. 공무원과 마찬가지로 모든 일이 1년 단위로 진행되다 보니, 연말에는 한 해 동안 마무리하지 못한 일을 정리해야 해서 어느 때보다 정신이 없다.

　　가뜩이나 바쁜 연말에 한 가지 밀린 숙제가 있다. 사회복지사는 1년에 한 번씩 반드시 보수교육을 받아야 하는데, 미루고 미루다 연말까지 오는 경우가 많다. 보수교육을 받지 않으면 과태료를 내야 한다고 듣긴 했어도, 어디에 얼마나 내야 하는지 모르는 사회복지사가 대부분이다. 연말이 돼서야 부랴부랴 인터넷으로 남은 보수교육이 있는지 검색한다. 아니나 다를까, 보수교육은 마감됐다. 과태료를 내지 않으려면 서울이나 다른 지역으로 가서 보수교육을 받아야 한다고 생각하니 이런 낭패가 없다. 미리미리 받아 둘걸…. 해마다 하는 후회를 어김없이 반복한다.

내 게으른 핑계와 달리, 사회복지사 보수교육은 사회복지사업법 13조 2항에 따라 진행하는 법정 교육이다. 사회복지법인이나 시설에 종사하는 사회복지사(주 5일, 40시간 이상 근로자)라면 1년에 8시간씩 의무적으로 교육을 이수해야 한다. 나처럼 뭉그적거리다 보수교육을 받지 못하면 과태료 20만 원을 내야 한다. 지금까지 과태료를 냈다는 소문은 듣지 못했지만, 나는 그놈의 20만 원이 무서워 지난 10년 동안 한 번도 빠지지 않고 보수교육을 받았다.

사회복지사는 전문가니까 국가가 정한 절차에 따라 얻은 전문 자격을 유지·관리하기 위해 보수교육이 필수다. 사회복지사 자격을 관리하는 한국사회복지사협회(이하 한사협)는 보수교육이 "다양한 사회적 욕구와 문제에 시의적절하게 대처하기 위해 사회복지사의 직무 능력 유지와 향상을 도모하고, 나아가 수준 높은 서비스를 제공해 국민 삶의 질을 개선하기 위해 필요하다"라고 했다. 세계보건기구WHO에서도 보수교육이 "최근 정보를 갖고 효과적으로 개입할 수 있게 하고, 종사자 측면에서 자신이 전문직으로서 경력과 궤도를 벗어나지 않는다는 확신을 준다"라고 했다. 미국사회복지사협회는 "사회복지사는 보수교육에 지속적으로 참여해 서비스 제공에서 숙련도를 유지·향상하고, 새로운 지식을 습득하고 기술을 정교하게 하며, 전문적 태도를 강화하고, 더 나아가 사회복지사 개인의 삶이 변해야 한다"라고 했다.

사회복지사에게 보수교육은 우리나라뿐만 아니라 국제적으로도 인정할 만큼 중요해 보인다. 사회복지사들이 뭉그적거리며 도살장에 끌려가듯 받아야 하는 교육이 아니란 말이다. 그런데도 나는 1년에 한 번 보수교육을 받기가 이다지 힘드니, 사회복지사로서 자괴감이 들 수밖에 없다.

내가 보수교육을 자꾸 미루는 이유는 아무래도 게으른 탓이 가장 크지만, 진짜 이유는 따로 있다. 솔직히 보수교육이 재미가 없다. 이런 사람이 나뿐만 아니라는 건 보수교육을 받으러 가서 분위기를 보면 금방 알 수 있다. 원래 보수교육이 동종 업계 사람들이 모여 알 만한 내용을 다시 듣다 보니 특별한 재미가 없다. 어디선가 한번쯤 마주쳤을 법한 시설장이 자신의 경험담을 늘어놓는데, 전혀 새로운 게 없다. 강의 커리큘럼도 경력(직급)이나 직무에 상관없이 윤리와 가치에 초점을 맞추다 보니 실무적인 내용이 없고 식상하다.

한 번이라도 제대로 된 보수교육을 받고 싶어 괜찮은 내용을 고르고 골라보지만, 결국 찾지 못하고 연말까지 내몰리는 일이 반복된다. 상황이 이러니 선택의 여지가 없다. 내용 따위 안중에 없고, 빈자리가 있는 교육이면 아무거나 들어야 할 판이다. 나 같은 처지에 있는 사회복지사들이 힘을 합쳐 한사협에 거의 항의 수준으로 요구하면 교육이 추가로 개설되는 기적이 일어나기도 한다.

지금까지 내가 받아온 사회복지사 보수교육을 돌아본다. 연말에 마지막 보수교육이 있는 날은 항상 강의실이 북적인다. 막차를 잡아탄 이유야 제각각이지만, 바쁜 연말에 일과를 제치고 종일 강의실에 감금돼(?) 있어야 하는 사회복지사의 심정은 짐작이 간다.

30분이나 빨리 교육장에 도착했건만, 명당(맨 뒤나 구석 자리)은 나보다 지독한 사람들이 차지했다. 그나마 새벽부터 부지런히 움직인 덕분에 맨 앞자리는 피해서 다행이다.

마지막 보수교육을 자발적으로 왔을 리 없는 100명 가까운 사회복지사가 좁은 교육장에 앉았으니 분위기가 어떻겠는가. 강의 중에 전화를 받으러 들락날락하는 건 남의 일이 아니다. 보나 마나 사무실이나 다른 기관에서 온 전화가 분명하니 측은한 마음으로 모른 척하는 게 암묵적인 예의다. 만일에 대비해 보조 배터리를 챙기는 것도 방법이지만, 요즘은 교육장에 보조 배터리를 비치하거나 충전기를 설치한다.

아무리 좋은 교육이라도 도시락까지 먹어가며 온종일 듣기란 여간 어려운 일이 아니다. 점심을 먹은 뒤 오후 강의부터 쏟아지는 졸음에 자기와 싸움이 시작된다. 많은 사람이 휴대전화로 딴짓을 하는 것도 졸음을 쫓는 방법이라 믿는다. 눈치 빠른 강사가 잠시 교육을 멈추고 단체 스트레칭을 시킨다. 모두 잘 따라 한다. 성격이 활발한 강사는 옆자리 사람과 서로 어깨를 주물러주라고 해서 분위기를 어색하게 만들기도 한다.

반강제적으로 스트레칭까지 했지만, 효과는 그때뿐이다. 교육이 막바지로 갈수록 집중도는 떨어진다. 그래도 출석부에 사인을 세 번(시작할 때, 점심때, 끝날 때) 해야 보수교육의 목표를 달성하니 끝까지 버틴다. 대망의 세 번째 사인을 마치고 교육장을 도망치듯 뛰쳐나왔다. 뭔가 많은 걸 배웠다는 생각보다 올해도 보수교육을 끝냈다는 홀가분한 기분만 남는다.

사회복지사 보수교육이 시행된 지 10년이 넘었다. 사회복지사 보수교육 법안이 통과된 2007년만 해도 다른 전문가 단체가 없애는 보수교육을 왜 군이 하려느냐는 질타를 많이 받았다고 한다. 한사협은 윤리 강령과 법정 보수교육 여부가 전문가를 구분하는 기준이라 굳게 믿고, 지금까지 보수교육을 통해 사회복지사의 전문가적 위상을 높여왔다.

대한민국 사회복지사를 대표하고 보수교육을 주관하는 기관이 의례적으로 하는 말이겠거니 생각하면서도, 내가 지난 10년 동안 보수교육을 잘 받아서 전문가적 위상이 얼마나 높아졌는지 돌아보게 된다. 솔직히 10년 전이나 지금이나 사회복지사의 전문가적 위상은 별반 달라진 게 없다. 여러 가지 원인이 있겠지만, 보수교육의 통계를 보면 한 가지 원인을 찾을 수 있다.

우리나라 사회복지사 수는 해마다 증가해 2017년 100만 명이 넘었다. 그러나 법적으로 보수교육을 의무적으로 받아야 하는 사회복지사는 5만 명 남짓이다. 이게 무슨 소린가 싶겠지만 사실이다. 그나마 1만 명 정도는 교육을 받지 않는다. 그동안 나는 전체 사회복지사 가운데 5%도 받지 않는 교육을 꾸역꾸역 받아왔다. 한사협 회장님은 "보수교육에는 문제가 없고 과제가 있을 뿐"이라고 하셨지만, 내 생각은 다르다.

사회복지사 보수교육에는 분명 문제가 있다. 첫째, 사회복지사 가운데 보수교육 대상이 따로 있다. 사회복지 담당 공무원은 보수교육을 받지 않아도 된다. 보수교육을 받아야 하는 사회복지사(의무 대상자)와 받지 않아도 되는 사회복지사(희망 대상자)를 정한 건 과연 누구인지 궁금하다. 사회복지사라면 당연히 받아야 할 보수교육이라고 못 박으면 될걸, 왜 주저하는지 모르겠다. 한사협은 우리나라에 사회복지사가 자격증을 가진 100만 명인지, 보수교육을 의무적으로 받아야 한다는 5만 명인지, 꼬박꼬박 회비를 내는(그들이 말하는 '진성' 사회복지사) 3만 명인지 명확히 해야 하지 않을까 싶다. 집단의 영향력을 과시하려고 할 때만 100만 사회복지사라고 외칠 게 아니란 말이다.

둘째, 현재 보수교육 체계에서 사회복지사는 자신이 의무교육 대상자인지 아닌지 잘 모른다. 나는 어쩌다 보수교육을 건너뛴 해가 있는데, 자수해서 광명 찾으려고 자발적으로 과태료 내는 방법을 물어보다가 우연히 내가 보수교육 의무 대상자가 아니라는 걸 알게 됐다. 그동안 나는 뭐 하려고 안 받아도 그만인 보수교육을 그토록 열심히 받아왔는지 한심하다. 받아도 그만, 안 받아도 그만인 보수교육으로 사회복지사의 전문가적 위상을 높일 수 있다고 생각한다면 당장 그만둬야 한다. 사회복지사가 자기 위상을 찾는 게 먼저 아닐까. 나도 언젠가 보수교육 의무 대상자가 돼서 자긍심을 갖고 떳떳하게 보수교육을 받아보고 싶다.

우리 사회 마지막 남은
투명 인간

　우리나라 기후는 여름에 고온 다습하고, 겨울에는 차갑고 건조한 계절풍 때문에 여름과 겨울의 기온 차이가 커서 사계절이 뚜렷하다. 요즘은 온난화 영향으로 사계절이 뚜렷한 날씨도 옛말이 됐다. 전 세계적인 이상기후 여파가 우리나라도 예외는 아니어서, 봄과 가을은 없고 긴 여름과 겨울만 있는 것 같은 착각이 들 정도다. 2018년 여름이었나, 서울의 한낮 기온이 40℃에 육박하면서 111년 만에 우리나라 기상관측 역사를 새로 썼다는 뉴스가 쏟아졌다.

　내가 어릴 때만 해도 기온이 40℃까지 올라간다는 건 적도 근처 아프리카에나 있을 법한 일이지, 우리나라에서는 상상도 할 수 없었다. 예전에는 여름 기온이 30℃만 넘어도 찜통더위, 가마솥더위, 불볕더위라고 호들갑을 떨었는데, 최근 몇 년 동안 걸핏하면 40℃를 오르내리니 뉴스에서도 '살인적 폭염' 같은 무시무시한 표현이 나온다.

폭염은 한낮 기온이 33℃가 넘는 날씨가 2일 이상인 경우를 말한다. 예전에 8월이면 폭염 특보가 잠깐 나왔는데, 요즘은 초여름부터 폭염이 시작된다. 사람은 고온과 다습한 조건에 취약해서 이런 폭염이 지속되면 위험할 수 있다. 폭염이 심해지면 일사병이나 열경련 등 온열 질환자가 많이 발생한다. 사람은 땀을 많이 흘리면 쉽게 피로하고, 두통이나 구역질을 일으키기도 하며, 열사병이 심할 때 노인이나 어린이는 사망에 이르기도 한다. 그래서 폭염을 흔히 '침묵의 살인자'로 부른다.

한국기상학회의 기상학백과에 따르면, 폭염은 대규모로 발생하는 경향이 있다고 한다. 세계적인 폭염 피해 사례는 2003년 초과 사망자 3만 5000명을 낸 유럽 폭염과 2010년 5만 5000명이 넘는 초과 사망자를 낸 러시아 폭염이 대표적이다. 우리나라는 1994년 기록적인 폭염으로 초과 사망자 3000여 명이 발생했다. 2016년 온열 질환자 2125명 가운데 17명이, 2017년 온열 질환자 1574명 가운데 11명이 목숨을 잃었다고 한다. 한여름 무더위가 살인적이라 할 만하다. 최근 정부에서도 폭염을 재난 상황으로 보고 대책을 강구하고 있다.

폭염에는 바깥 활동을 삼가고 집 안에서 휴식을 취하는 게 상책이다. 그러나 오히려 폭염 속으로 뛰어드는 사람이 있다. 우리 사회에서 있는 듯 없는 듯 잘 보이지 않는 투명 인간, 사회복지사 이야기다. 폭염은 신체가 허약한 노인에게 더 치명적이다. 나이가 들수록 체온조절 기능이 약해져서 열사병과 같은 온열 질환에 걸릴 확률이 높다. 독거노인은 태풍이나 추위보다 폭염이 무섭다는 말이 심심찮게 나오는 것도 이 때문이다. 그래서 폭염이 이어지면 독거노인을 돌보는 사회복지사는 평소보다 긴장하고 바빠질 수밖에 없다.

요즘은 폭염이 발생하면 휴대전화에 재난 경보음이 울린다. 여름철 사회복지사는 하루에도 몇 번씩 폭염 경보가 울리면 '폭염 떴다(폭염 경보가 발령됐다)'라고 해서, 불이 나면 소방관이 출동하듯 비상이 걸린다. 가장 먼저 독거노인에게 전화해서 안전을 확인하고 주의 사항을 전달한다. 수소문해도 연락이 닿지 않으면 직접 방문해서 눈으로 확인할 수밖에 없다. 뙤약볕 아래 독거노인 가정을 일일이 방문하다 보면 온몸이 땀으로 흠뻑 젖는다. 20대 사회복지사도 폭염 앞에는 장사가 없다. 그렇다고 불평불만을 하는 사회복지사는 거의 없다. 연락이 닿지 않는 독거노인의 안전이 확인될 때까지 밀려오는 불안감이 무더위보다 크다니, 한여름 사회복지사의 일상이 측은하다.

사회적 약자를 돕는 건 사회복지사의 직업적 사명이다. 하지만 사회복지사도 폭염에 취약하긴 마찬가지다. 특히 업무 시간을 대부분 바깥에서 활동하는 요양보호사나 독거노인을 돌보는 사회복지사는 40~50대 여성이 많다. 사회복지 서비스를 하는 사람과 받는 사람이라는 신분이 다를 뿐, 폭염 앞에는 모두 나약한 존재다. 약자를 위한 사회적 안전망은 날이 갈수록 발전하지만, 정작 일선에서 사회복지 서비스를 하는 사회복지사를 위한 안전장치는 우리 사회 어디서도 찾아볼 수 없다.

해마다 여름이면 용광로에서 일하는 제철소 근로자나 화마와 싸우는 소방관처럼 열기 속에 근무하는 사람들의 일상을 뉴스 화면으로 본다. 어떤 사람은 그런 뉴스를 보면서 무더위를 이겨내는 데 상대적으로 위안을 받을 수도 있고, 모르고 지나칠 뻔한 분들의 숨은 노고를 되새길 수도 있다. 해마다 도돌이표처럼 반복되는 폭염 에피소드가 싫증이 날 때도 됐다. 오랫동안 방송된 뉴스 덕분인지 그분들이 무더운 날씨에 고생하는 건 누구나 알고, 세상의 관심 덕분에 그런 직업군의 근무 환경과 처우도 많이 개선됐다.

하지만 폭염에 고생하는 사람은 제철소 근무자와 소방관 외에 건설 현장의 일용직 노동자, 우편집배원이나 택배 기사, 에어컨 수리 기사도 있다. 투명 인간처럼 일하는 사회복지사도 있다. 이들에게도 폭염은 용광로와 같다. 정부와 지자체에서 '무더위 휴식 시간제'로 실외 노동자의 휴식을 권고하지만, 의무가 아닐뿐더러 폭염 경보가 뜨면 오히려 더 바빠지는 사람에게 무조건 휴식하라는 말은 앞뒤가 맞지 않는다.

정부도 폭염을 자연재해로 간주해 적극 대응에 나선다지만, 사회복지사는 결국 일만 늘어나는 셈이다. 독거노인 보호 정책을 수립하는 것 못지않게 독거노인을 보호하는 이들의 처우 개선도 중요하다. 우리 사회는 공무원이나 사회복지사가 하는 일을 당연하게 생각하는 경향이 있다. 국민이 낸 세금으로 월급 받고 일하는 사람이니까 힘든 상황에도 사명감으로 희생하는 게 당연하다는 얘기다. 틀린 말은 아니지만, 그들의 희생과 노고를 모른 척해선 안 된다. 이제는 사회복지사가 우리 사회에 존재하지만, 그 존재를 느끼지 못하는 투명 인간이 돼가는 건 아닌지 걱정스럽다.

얼마 전 뉴스에서 한 아파트 주민들이 무더위에 고생하는 택배 기사를 위해 아이스박스에 얼음물과 음료수를 비치했다는 훈훈한 소식을 봤다. 주민들의 작은 관심 덕분에 택배 기사가 시원하게 목을 축일 수 있었고, 자칫 모르고 지나칠 뻔한 그들의 노고를 세상 사람들이 알게 됐다. 우리 사회에는 택배 기사나 사회복지사처럼 무더위에 일하는 사람이 생각보다 많다. 지금 그들에게 무엇보다 필요한 건 사회적 관심이 아닐까 싶다. 관심의 시작은 얼음물 한 사발이면 충분하다.

사회복지사도
빵만으로 살 수 없다

　"사회복지사 커플이 결혼하면 수급자를 면치 못한다." 사회복지사끼리 모이면 심심찮게 하는 '웃픈' 이야기다. 그만큼 사회복지사 월급이 적다고 너스레를 떠는 말이지만, 사회복지사 커플인 내겐 별로 듣기 좋은 말이 아니다. 해마다 사회복지사를 대표하는 한사협 회장님의 신년사에 어김없이 처우 개선을 약속하는 내용이 실린다. 지금까지 몇 대에 걸쳐 같은 약속을 하셨으면 이제는 개선될 법도 한데, 사회복지사 처우 개선은 여전히 오리무중이다. 현실은 안갯속이라도 매년 희망의 메시지를 주시니 고맙다고 해야 할까.

　사회복지사 처우 개선 움직임은 어제오늘 일이 아니다. 2011년 12월 30일 '사회복지사 등의 처우 및 지위 향상을 위한 법률안'이 국회를 통과하고 이듬해 11월부터 곧바로 시행됨에 따라 처우 개선 운동은 더욱 탄력을 받았다. 이후 국가의 사회복지 예산도 꾸준히 증가해, 전체 예산의 30%를 넘겨 매년 최고 수준을 경신하고 있다. 최근에는 코로나19 여파로 사회복지 예산이 눈덩이처럼 불어났다. 사회복지 예산 비중이 커졌다는 건 그만큼 사회복지에 관심이 높아졌다는 뜻이지만, 이를 지켜보는 사회복지사는 별로 달갑지 않다. 사회복지 예산이 늘어난 만큼 사회복지사의 업무만 늘어났지, 주머니 사정은 나아지지 않았기 때문이다.

　일명 '사회복지사법'이라고 일컫는 법이 시행된 지 벌써 10년이 흘렀다. 그런데 아직 사회복지사들이 아우성치니 분명 문제가 있긴 한가 보다. 우선 법의 내용을 살펴보면, 사회복지사법 3조 내용은 다음과 같다.

　❶ 국가와 지방자치단체는 사회복지사 등의 처우를 개선하고 복지를 증진함과 아울러 그 지위 향상을 위하여 적극적으로 노력하여야 한다. ❷ 국가와 지방자치단체는 사회복지사 등의 보수가 사회복지 전담 공무원의 보수 수준에 도달하도록 노력하여야 한다. ❸ 국가는 사회복지사 등의 적정 인건비에 관한 기준을 마련하여야 하며, 지방자치단체는 해당 기준을 준수하기 위하여 노력하여야 한다. 〔신설 2018.12.11〕

　지금까지 왜 사회복지사의 처우 개선 노력이 끝없이 이어졌는지 이제야 좀 알 것 같다. 어릴 적 아버지께서 노력에는 끝이 없다고 하신 말씀이 이렇게 적용될 줄은 꿈에도 몰랐다. 법을 만들었으면 지키는 게 당연하지, 법을 지키기 위해 노력해야 한다는 말은 무슨 의미인가. 신호등에 빨간불이 들어오면 멈춰야 정상이지,

멈추기 위해 노력해야 하는 게 아니다. 빨간불이 들어와도 몰래 지나가는 때가 있긴 한데, 경찰에게 걸리거나 사고만 나지 않으면 그만이라는 생각을 했기 때문이다. 내가 교통법규를 사소하게 여겨 벌어진 일이다. 마찬가지로 사회복지사법을 만든 사람이나 지켜야 할 사람(이 법에서는 국가나 지자체의 공무원)이 노력하는 척하면서 법을 업신여기지 않을지 걱정이다.

지난 몇 년 동안 정부와 사회복지 분야에서 앞장서는 분들이 사회복지사의 처우 개선을 위해 노력해왔으리라 믿어 의심치 않는다. 성과가 없지 않았다. 법에 명문화된 것처럼 요양보호사와 같은 사회복지사 등에 대한 처우(보수)는 눈에 띄게 개선됐다. 나처럼 사회복지사에 대한 처우는 별로 나아지지 않았지만, 사회복지사 등 사회복지 분야에 종사하는 사람이라도 처우가 많이 좋아졌다니 다행스러운 일이다.

한 가지 안타까운 점이 있다. 지금껏 사회복지사가 한목소리로 처우 개선을 위해 노력하는 모습이 일반인에게 '사회복지사가 돈만 밝히는 사람'으로 비칠까 걱정이다. 처우는 반드시 보수만 의미하지 않는데, 처우 개선을 요구하는 사회복지사나 이를 지켜보는 사람의 생각은 한쪽으로 치우친 게 아닌가 걱정스럽다.

사람은 빵만으로 살 수 없다. 그러므로 '처우'라는 말도 급여나 보수에 국한되지 않는다. 그것은 고용주 관점에서 직원에 대한 '대우treatment' 정도로 해석한 결과다. 처우 개선을 요구하는 사람은 노동자인데, 하나같이 고용주의 관점에서 노동자의 탈을 쓰고 더 좋은 대우를 받기 위해 노력하는 꼴이 같은 노동자로서 자괴감이 들게 한다. 노동자 관점에서 처우란 '근로조건'을 의미한다. 근로조건이라 함은 보수를 포함한 노동시간, 업무 환경, 교육과 후생 관련 제도, 노동자가 근무하는 시설 환경을 총칭한다. 지금까지 사회복지사 등에 대한 대우(보수)는 많이 좋아졌다고 말하지만, 사회복지사 등의 근로조건이 나아졌다고 말하는 사람은 별로 만나본 적이 없다.

정치인이나 정치를 하고 싶은 사회복지사, 사회복지사가 아닌데 사회복지사 행세를 하는 사람은 당장 효과를 나타내는 법을 만들어 자신의 존재를 과시하고 싶었을 것이다. 그래서 처우 개선을 부르짖는 사회복지사를 가장 빠르고 효과적으로 잠재울 방법이 돈이라고 생각했을지도 모른다. 처우 개선을 잘못 이해하는 사회복지사도 문제다. 법을 만드는 사람이든, 정책을 시행하는 사람이든, 앞에 나서서 사회복지사를 대변하는 사람이든 급여를 높인다고 처우가 개선될 것으로 생각했다면 판단 착오다.

질 높은 삶에는 사회적 지위나 관계, 여가와 문화생활이 공존한다는 걸 그분들도 잘 알 텐데 말이다. 보수뿐만 아니라 근로 환경이 개선돼야 제대로 된 처우 개선이라고 생각한다. 전문가다운 업무의 자율성까지 보장해준다면 금상첨화다.

그동안 사회복지사의 근로 환경 개선 노력이 없지 않았다. 그것은 바로 제주도에서 시작된 스마트복지관이다. 항간에는 스마트복지관이 종전 복지 전달 체계를 부정하고 사회복지관에 대한 도전이라고 생각하는 사람도 있는 모양인데, 이는 몰라서 하는 말이다.

스마트복지관은 사회복지사의 근로 환경을 개선하는 공간의 혁신이 전부였다. 스마트복지관은 지금까지 사회복지관의 전형적인 운영 방식에서 벗어나 청사 없이 사회복지사들이 자유롭게 지역사회로 나가 복지사업을 추진하는 새로운 플랫폼을 의미한다. 스마트복지관이 사회복지 전달 체계를 무슨 수로 개선할 수 있었겠나. 스마트 워크를 기반으로 근무 환경을 개선해보자고 시작한 일인데, 다른 사람도 아닌 사회복지사의 반대로 무산되고 말았다.

나는 그저 스마트복지관이 본보기가 돼서 대한민국 사회복지사의 업무 환경이 바뀌고 처우가 개선되길 바랐다. 그런데 아무리 좋은 의도라고 해도 정치적인 의도를 덧씌우면 마귀가 되는 게 우리나라 정치 현실이다. 내가 사회복지를 했으면 했지, 정치를 하지 않았지만 결과적으로 그렇게 된 격이다. 직장생활에서 내가 없으면 안 된다는 생각은 버려야 하지만, 사회복지사 처우 개선을 마무리 짓지 못하고 나온 상황에서 미련이 남는 건 어쩔 수 없다.

"주어진 사실은 아직 진실이 아니다"라는 한 언론인의 말이 떠오른다. 우리는 주어진 사실을 너무나 쉽게 믿고 판단하며 살아간다. 주어진 사실 너머에 진실이 있다. 지금까지 사회복지사 처우 개선 노력이 보수 수준의 개선이었다면, 이제 사회복지사의 근로조건 개선을 위해 노력할 때라고 본다. 사회복지사도 빵만으로 살 수 없다.

사회복지관은
어디에 있나?

3
PART

대한민국
사회복지의 중심

지난 2016년부터 2018년까지 3년이 채 되지 않는 기간 동안 1000명 가까운 사회복지사와 공무원이 제주도 스마트복지관에 다녀갔다. 2016년에 스마트복지관 시범 사업을 시작할 때만 해도 사람들의 관심이 이렇게 높을 줄은 상상하지 못했다. 그런데 사람들이 스마트복지관에 찾아오는 이유는 제각각이었다. 건물도 없이 사회복지관의 기능과 역할을 한다는 방식을 두고 '그게 정말 가능할까?'라는 궁금증에 온 사람, '우리도 한번 배워보자'며 벤치마킹하러 온 사람, 제주에 왔다가 호기심에 들른 사람도 있다.

내가 스마트복지관을 운영하면서 가장 많이 받은 질문은 "스마트복지관도 사회복지관인가?"이다. 그것도 일반인이 아니라 동료 사회복지사에게서 받은 질문이다. 사회복지사 사이에서는 스마트복지관이 생기기 전부터 사회복지관의 정체성에 관한 논쟁이 계속됐다. 지금까지 버젓이 운영되는 사회복지관의 정체성도 찾지 못했는데, 어느 날 갑자기 스마트복지관이라는 변종(?)이 등장했으니 사회복지사들은 얼마나 혼란스러웠을지 본의 아니게 미안하다.

나도 스마트복지관을 운영하기 전에는 사회복지관의 정의나 정체성을 제대로 생각해본 적이 없다. 그런데 스마트복지관을 운영하면서 너무나 많은 사회복지사와 관계자가 스마트복지관의 정체성에 관해 물으니 고민스러울 수밖에 없었다. 자칫하면 시범 사업이 종료될 수 있는 상황이었기에 가족의 생계가 걸린 문제이기도 했다.

사회복지사들이 자신이 일하는 사회복지관의 정체성을 바다 건너 섬에 사는 내게 와서 묻는 상황이 이해가 잘 가지 않았지만, 지금 우리나라 사회복지관의 현실이 그렇다. 어찌 됐든 사회복지사들이 "스마트복지관도 사회복지관인가?"라고 질문하면 나는 당연히 "스마트복지관도 사회복지관입니다"라고 대답했다. 부연할 필요가 없을 정도로 단호했다. 질문한 이들이 의아해하면 나는 "스마트복지관은 사회복지관이 아닌 까닭이 무엇인가?"라고 반문했다. 그들은 대부분 머뭇거리다가 법이나 지침, 규정을 예로 들며 건물이 없으니 사회복지관이 아니라고 억지를 부렸다. 내가 복지관 이름을 스마트복지관 말고 복지센터나 복지회관이라고 쓰면 문제가 없겠냐고 하면 모두 꿀 먹은 벙어리가 됐다. 돌아보면 그런 논쟁이 무슨 소용이 있나 싶다.

지금은 스마트복지관 시범 사업이 끝났지만, 사회복지관의 정체성 혼란은 여전히 가라앉지 않은 분위기다. 눈엣가시로 여겨지던 스마트복지관은 사라졌지만, 나는 사회복지관의 케케묵은 숙제인 정체성에 관한 문제를 해결하지 못하고 그만둔 것이 못내 아쉽다. 사회복지관의 정체성 문제는 사회복지사의 정체성을 찾는 일인지도 모르기 때문이다.

정체성은 사람으로 치면 타인과 관계에서 개인의 고유한 실체를 자각하는 데서 출발한다. 우리는 태어나면서부터 타인과 나를 구별하고, 내가 나로 자각하며 살 수 있도록 부모님이 주신 정체성이 있다. 바로 '나는 누구인가?'라는 정체성에 관한 해답인 이름이다. 이름(성＋명)은 자기 정체성을 알아가는 기본 중의 기본이다. 사람은 자기 이름에 많은 의미를 부여한다. 이름에는 부모님의 희망이 담겼고, 자신도 이름에 부끄럽지 않게 살고자 노력하며, 자기 이름을 영원히 남기고 싶어 한다. 그러고 보니 사람들이 스마트복지관 이름을 가지고 민감하게 반응한 이유가 있었다.

사회복지관이 태어났을 때 부여받은 이름의 정체성을 얼마나 제대로 알고 사용하는지 자못 궁금하다. '사회복지관'이라는 이름을 조목조목 따져봐야겠다. 사회복지관은 '사회'와 '복지관'이라는 단어의 조합일까, '사회복지'와 '관'이라는 단어의 조합일까? '사회복지'＋'관'이라고 쉽게 생각할 수 있지만 그렇지 않다. '사회복지관' 앞에 '지역'이라는 단어를 넣어보자. 우리나라에 있는 사회복지관(종합사회복지관, 사회복지관 포함)은 '지역사회복지관'이라고 통칭한다. 책에도, 법에도 이렇게 나온다. 우리나라 지역사회복지관이 '지역'＋'사회복지'＋'관'이 아니라 '지역사회'＋'복지관'을 뜻하는 건 누구나 알 수 있다. 사회복지사업법 34조에도 같은 맥락에서 사회복지관을 이렇게 정의한다.

한국사회복지관협회Korea Association of Social Welfare Centers, KASWC가 과연 무슨 일을 하는 곳인지 사회복지사인 나도 정확히 모르지만, 단체 이름 앞에 국가명이 들어가는 걸 보면 뭔가 큰일을 하는 곳인가 보다. 이 단체 이름만 보면 우리나라에서 사회복지관을 대표하는 기관인 듯한데, 영문 표기가 좀 낯설다. Korea(한국) + Association(협회) + of(~의) + Social(사회) + Welfare(복지) + Centers(센터, 관).

우리나라에서는 사회복지관 영문 표기를 'social welfare center'로 한다. 영문 표기만 보면 사회복지관은 '사회복지' + '관', 즉 '사회복지를 하는 기관'으로 이해된다. 의미가 너무 포괄적이다. 이런 식이면 스마트복지관도 사회복지를 하는 기관이니까 사회복지관이라고 말해도 무방할 텐데, 이분들은 결사반대했다. 한국사회복지관협회에 등록된 회원 기관은 400여 개인데, 우리나라에 social welfare center는 족히 수천 개가 넘을 것이다. 우리나라 사회복지관을 대표하는 기관의 인식이 이 정도라면 사회복지관의 정체성 찾기란 정말 어려울 것 같다.

사회복지관 이름에 쓰인 social welfare는 복지를 추구하기 위한 사회적 노력, 즉 사회보장제도와 같이 정책이나 제도가 지향하는 목적의 개념으로 사용되거나 보통은 제도적 개념으로 사용된다. 그런데 지역사회복지관은 국가적·제도적으로 의미가 거창하게 설립된 기관이 아니다. 사회복지관은 지역사회를 기반으로 주민의 복지 증진을 위해 사회복지사를 채용하고, 이들이 발로 뛰며 사회복지를 실천하라고 만든 기관이 아닌가. 정리하면 사회복지관은 지역사회의 복지 문제를 해결하기 위해 복지 서비스를 제공하는 기관이다.

사회복지관의 '사회'는 social이 아니라 community(지역사회)를 의미한다. 따라서 사회복지관도 영문 표기할 때 'social welfare center'가 아니라 'community welfare center'가 맞다. 'community center'라고만 해도 사회복지관의 정체성을 설명하기에 충분하다. 여기서 community는 반드시 행정구역과 일치하진 않지만, 우리나라는 인구에 대비해서 행정구역 단위로 사회복지관이 설치되기 때문에 사회복지관 명칭 앞에 붙는 지역사회 단위가 주로 행정구역 중심이다.

지역사회복지관 영문 이름도 이런 맥락에서 표기하면 문제될 게 없다. 예컨대 '서울시사회복지관'이면 이름에 지명이 포함됐으니 영문은 'Seoul welfare center'라고 표기하면 된다. '행복사회복지관'처럼 지명이 포함되지 않은 사회복지관은 'Happy community (welfare) center'라고 표기하는 게 적절하다고 본다.

대한민국 사회복지관을 대표하는 기관이 자기 정체성을 나타내는 이름을 단순히 한글을 직역해서 social welfare center라고 썼으리라고는 믿고 싶지 않다. 사람들이나 사회복지사가 사회복지관을 '사회복지' + '관'으로 인식해 사회복지관의 정체성마저 혼란을 빚을까 걱정이다. 그동안 우리가 알게 모르게 사회복지관을 '사회복지' + '관'으로 말하는 가운데, 지역사회를 기반으로 운영돼야 할 사회복지관이 사회복지 서비스를 제공한다는 이유로 건물

〔館〕 중심으로 운영된 건 아닌지 깊이 생각해볼 필요가 있다.

5월 21일은 '사회복지관의날'이다. 한국사회복지관협회는 이날을 홍보하면서 사회복지관을 '대한민국 사회복지의 중심!'이라고 표현했다. 이 문구를 보며 사회복지관에서 일하는 사회복지사로서 많은 생각이 들었다. 사회복지관의날이 우리끼리 알고 자축하는 날로 비칠까 걱정이 됐다. 사회복지관이 대한민국 사회복지의 중심이라면 평소에는 일하느라 바빠서 못 한 정체성에 관한 고민도 해보고, 사회복지관의날이 그런 것을 공유하고 새로운 변화를 모색해 모든 사회복지사에게 선포하는 날로 기억되면 좋겠다. 나도 사회복지사로서 사회복지관이 '대한민국 사회복지의 중심'이라고 믿고 싶다.

사회복지관은
어디에 있을까?

지금까지 사회복지 전달 체계는 정부(공공)가 민간 사회
복지 기관에 보조금을 지원하고, 보조금을 받은 민간 사회복지 기
관이 주민이나 클라이언트에게 복지 서비스를 제공하는 방식이
었다. 이른바 공급자 중심 사회복지 전달 체계다. 그러다 보니 항
상 공급자 반대편에 있는 수요자는 사회적·경제적으로 취약한
위치고, 사회복지에 대한 권리 의식이 미약할 수밖에 없었다. 즉
국민이 낸 세금으로 제공되는 사회복지 서비스가 공공에서 민간
사회복지 기관으로 이어지는 공급-수요 체제를 거치며 수요자인
국민이 상대적으로 낮은 지위에 놓였다. 이런 공급자 중심 사회복
지 전달 체계가 주민의 다양한 복지 욕구에 대응하는 데 여러 가
지 한계를 드러냄에 따라, 새로운 관점에서 사회복지 전달 체계의
전환이 필요하다.

우리가 잘 아는 사회복지시설 하면 가장 먼저 사회복지관을 떠
올린다. 자칭 민간 사회복지 전달 체계의 중심이라는 우리나라 사

회복지관은 한국전쟁 이후 해외 원조 기관의 지원을 받아 전쟁고아, 피란민, 부랑자 등을 위한 구호시설이나 수용 시설로 시작됐다. 당시 주민들은 사회복지관을 집도 절도 없는 사람이나 이용하는 시설로 여겼다.

1970~1980년대에 들어서며 급속한 경제성장으로 국민소득이 증가하고, 국가의 재정도 좋아지다 보니 다양한 사회복지 제도가 생기기 시작했다. 국가 경제가 발전하고 어느 정도 먹고살 만해지니 사람들은 윤택한 삶을 위해 자연스럽게 사회복지에 관심을 기울였다. 사회복지관도 이맘때 전환기를 맞이한다. 임대주택법이 개정되면서 일정 규모가 넘는 임대주택에는 사회복지관을 만들게 됐다. 그리하여 1970년대에 20개에 불과하던 사회복지관 수가 해를 거듭할수록 꾸준히 증가해, 지금은 전국에 460여 개 사회복지관이 운영된다. 사회복지관의 성장 규모로 볼 때 격세지감이 따로 없다.

1970년대에 비하면 사회복지관 수가 20배 이상 늘었지만, 사회복지관은 아직 많이 부족하다. 우리나라 사회복지관은 인구 비례에 따라 건립되다 보니 수도권에서 지방으로 갈수록 그 수가 급격히 감소한다. 현재 우리나라 사회복지관은 몇 개 행정구역을 묶어서 권역별로 건립한다. 그마저 건립을 추진하는 데 족히 2~3년이 걸리고, 건립 비용도 만만치 않다. 사회복지관 건립은 지자체 단체장이나 지역구 의원에게 해결해야 할 숙제다. 적은 비용으로 크고 멋지게, 효율적인 사회복지관을 지어야 한다. 행정과 정치, 주민의 입맛에 맞는 사회복지관을 건립하기는 불가능하니, 결국 거액을 들여 지역의 상징 건물landmark을 짓는 것이다.

사회복지사업법 23조에서는 사회복지관을 "일정한 시설과 전문 인력을 갖추고 주민의 참여와 협력을 통해 지역사회의 문제를 해결하고 예방하는 종합 복지 서비스를 제공하는 기관"으로 정의한다. 그동안 사회복지관은 이용 시설로 분류됐다. 사회복지관은 지역에 뿌리를 내리고 언제든 주민이 찾아가 쉴 수 있는 곳으로 열심히 홍보하지만, 현실적으로 우리 삶과 멀리 떨어져 있다.

사회복지관의 숫자는 많아졌지만, 사회복지관에 대한 사람들의 인식은 아직 1970년대 그대로다. 사회복지관을 많이 짓는 것도 중요하지만, 사회복지에 대한 인식과 사회복지관의 역할 고정관념에 대한 계몽 수준의 개선이 절실히 필요하다. 사회복지관 건립은 공공 기관이 하고, 운영은 민간에 위탁하는 방식은 30년 전이나 지금이나 마찬가지다. 그러면서도 사회복지사들은 현재 사회복지관의 가장 큰 문제가 예산과 인력 부족이라고 말한다. 정부가 부족한 예산과 인력을 채워주면 다행인데, 순순히 해줄 리 만무하다. 민관 협력이나 자원 개발, 네트워크 등은 근본적인 해결책이 될 수 없다. 주민이 지역사회에 사회복지관이 필요하다고 인식하는 게 가장 먼저다.

사회복지관에 대한 고착된 인식을 바꿀 때가 됐다. 지역사회 복지는 건물 안에서 해결될 수 없다. 사회복지사는 복지관이 아니라 지역사회에서 일해야 한다. 사회복지관이 저소득층 주민을 대상으로 공짜 프로그램을 운영하는 기관이 돼선 안 된다. 사회복지관도 경찰서나 소방서처럼 시민의 복지 증진을 위한 역할과 기능을 하는 공공 기관으로 인식돼야 한다. 소방서가 불을 끄는 프로그램을 진행하는 곳이 아니듯, 사회복지관도 복지 프로그램을 하는 민간 기관쯤으로 인식되면 안 된다. 지역에 경찰서와 소방서, 보건소가 필요하듯이 사회복지관도 당연히 있어야 할 공공시설로 인식돼야 한다.

이런 인식의 변화를 위해선 정책을 결정하는 정치가와 행정공무원, 현장의 사회복지사, 주민의 인식부터 바꿔야 한다. 민관 협력을 민간 기관(사회복지관)과 공공 기관(시청, 행정복지센터 등)의 협력으로 생각하면 큰일이다. 민民은 주민, 관官은 사회복지관(혹은 시청, 행정복지센터)이어야 한다.

불가능해 보이던 사회복지와 사회복지관에 대한 인식을 개선하는 데 제주도가 불을 지폈다. 2016년 8월 제주에서 '전국 최초' '국내 유일' 건물 없는 사회복지관, 스마트복지관이 문을 열었다. 당시만 해도 건물 없는 사회복지관이 과연 운영 가능한지 논란이 많았고, 사회복지 서비스 전달 방식의 혁신을 가져올 거라는 기대와 종전 사회복지관의 정체성에 혼란이 생길 거라는 우려가 엇갈렸다. 막상 스마트복지관이 출범한 뒤에는 일부 사람들의 우려와 달리 기대는 곧 현실이 됐고, 전국적으로 스마트복지관에 대한 관심이 커졌다.

스마트복지관의 가장 큰 특징은 건물이 없다는 점이다. 사회복지관 운영에 건물이 없으면 의외로 장점이 많다. 막대한 예산이 투입되는 건축비가 들지 않고, 땅도 필요 없으니 좀 더 많은 곳에서 운영할 수 있다. 사회복지관의 모든 복지 서비스는 건물 밖에서 진행된다. 사회복지관의 외형이 축소되고 업무 장소가 현장 중심으로 변한 것을 빼고는 기능적인 면에서 종전 사회복지관과 같다. 현장 근무가 많은 사회복지사의 특성에 맞게 스마트 워크를 적극적으로 도입해 업무 처리 방식을 개선하고, 건물이 없는 복지관의 장점을 활용해 현장에서 복지 서비스를 제공하며, 행정 업무도 바로 처리해 서비스 접근성과 업무 효율성이 종전보다 월등히 뛰어나다는 평가를 받는다.

스마트복지관의 최대 단점은 아이러니하게도 건물이 없다는 것이다. 사회복지관 인근 주민은 복지관을 평생교육 프로그램을 운영하는 곳으로 인식하는 경향이 컸다. 그런데 스마트복지관에는 프로그램을 운영할 장소가 없다. 이런 단점이 기회로 작용했다. 스마트복지관은 프로그램 운영 장소가 없는 단점을 보완하기 위해 주민이 자주 이용하는 공공시설이나 문화시설에 강사를 파견했다. 반응은 뜨거웠다.

프로그램 운영 장소가 복지관과 떨어져 있으면 관리하기 어려울 거라는 관계자들의 우려와 달리, 서비스 접근성이 좋아졌을 뿐만 아니라 주민의 욕구에 맞는 프로그램을 운영할 수 있었다. 예전에는 평생교육 프로그램을 운영하기 전에 복지관을 이용하는 사람을 대상으로 욕구 조사를 했는데, 스마트복지관에서 평생교육 프로그램을 운영하는 방식은 욕구 조사를 하지 않고도 주민이 그때그때 필요한 사항을 바로 적용할 수 있어서 사회복지사의 업무가 편해졌다.

스마트복지관의 핵심은 사회복지사의 역할이다. 일반적으로 복지관에서 근무하는 사회복지사는 사업 담당자, 즉 서비스 관리자의 임무를 수행한다. 그러나 스마트복지관의 사회복지사는 코디네이터 임무를 수행한다. 지역사회 문제의 발견과 해결은 주민에게 맡기고, 사회복지사는 주민의 참여와 협력을 끌어내고 지역에 있는 여러 자원을 연결하는 역할을 하는 것이다. 주민은 연예인이고, 사회복지사는 연예인이 무대(지역사회)에서 가장 돋보이고 잘 활동할 수 있도록 코디와 매니저 임무를 수행한다고 생각하면 된다. 이를 위해 주민이 공동체에 관심을 두고 주체적으로 문제를 해결할 능력을 키워야 하는데, 이 또한 사회복지사의 중요한 역할이다.

스마트복지관이 최첨단 정보 통신 기술ICT을 통해 사회복지사업을 수행할 거라고 생각한 사람들은 처음에 실망이 컸다. 스마트복지관이 주장하는 수요자 중심이나 맞춤형 서비스는 종전 사회복지관과 별다르지 않기 때문이다. 사회복지사가 태블릿 PC와 스마트 워치를 이용해서 일한다고 스마트해지는 게 아니다. 정보 통신 기술에서 스마트는 '연결성connectivity'을 뜻한다. 사회복지사가 혼자서 외부 자원을 들여와 해결하는 방식은 지속 가능하지 않을뿐더러, 스마트한 방식도 아니다.

진정한 스마트는 독립성이 아니라 상호작용이다. 스마트 기술의 핵심은 기기device와 소프트웨어의 네트워크 확장을 가능케 하는 클라우드cloud 기술이다. 정보 통신 기술에서 클라우드 기술을 설명하기는 복잡하지만, 그 개념을 사회복지관에 적용하기는 어렵지 않다. 사회복지관이 클라우드 역할을 하고, 사회복지사는 기기 역할, 소프트웨어는 사회복지 제도나 정책, 사업으로 적용하면 간단히 끝난다. 주민이 사회복지사를 통해 언제 어디서든 사회복지 서비스를 이용할 수 있도록 하는 것이 앞으로 다가올 스마트한 사회복지관의 역할이다. 그렇게 된다면 우리가 어디에 있든 사회복지관을 찾을 수 있을 것이다.

지방 소멸을 막을
최후의 보루

내 고향은 태백산맥이 포근히 감싸고, 낙동강의 지류인 위천이 마을 앞을 가로질러 흐르는 전형적인 배산임수의 한적한 산골이었다. 여름이면 또래 친구들과 개울가에서 물고기를 잡고 물장구도 치다가 배가 고프면 지천으로 널린 산딸기와 이름 모르는 열매를 따 먹었다. 그때만 해도 어린아이가 제법 많아서 마을에 생기가 돌았다. 초등학교를 졸업할 무렵, 근처에 수력발전소가 건설되면서 내가 살던 동네는 물에 잠겼고 마을 사람은 뿔뿔이 흩어졌다. 몇 년 지나지 않아 우리 집 삼부자가 다닌 마을 근처 초등학교가 폐교하더니, 얼마 전에는 읍내에 있던 중학교마저 폐교했다고 한다.

나는 오래전부터 객지 생활을 하는 몸이라, 가끔 고향 집을 찾아가 마음의 안식을 찾고 싶을 때가 많다. 하지만 언제부턴가 고향에는 하나둘씩 빈집이 늘고, 이제는 아이들이 없는 골목에 스산한 기운마저 감돈다. 시간이 지날수록 어린 시절 소중한 추억이 점점 눈앞에서 사라진다. 도대체 지금 농촌에는 무슨 일이 일어나고 있을까?

1970년대만 해도 우리나라 인구의 절반 이상이 농촌에 살았다. 그러나 산업화 과정에서 젊은이들은 점점 도시로 떠났고, 현재는 농촌인구가 전체 인구의 20%도 안 된다. 농촌의 고령화 현상도 해마다 기록을 경신한다. 2016년 농가의 65세 이상 인구 비율이 40%를 넘었고, 20~30년 뒤에는 80%가 넘을 것으로 전망한다. 이런 추세라면 2040년에는 농촌인구 비율이 8%대로 곤두박질할 거라니, 농촌 붕괴라는 재앙이 현실이 되고 있다.

고령화 국가라고 하면 일본이 떠오른다. 일본은 고령화 문제가 우리나라보다 훨씬 먼저 시작됐다. 일본 농촌도 대부분 저출산과 고령화에 따른 심각한 인구 감소로 고민이 많다고 한다. 가만히 생각해보면 일본은 고령화 국가보다 장수 국가로 유명하다. 의료 기술이 발달하면서 평균수명이 늘어나는 건 당연한 결과다. 이제 100세 시대는 피할 수 없는 운명이다. 언제까지 고령화 현상을 문제로 받아들일 순 없다. 그런 면에서 일본의 선례는 우리에게 큰 교훈이 된다. 일본은 어떻게 고령화와 농촌의 붕괴를 막았는지 그 비결이 궁금하다.

최근 사라질 위기에 처한 일본의 시골에 청년이 몰려들면서 마을이 살아나고 있다고 한다. 산과 바다가 어우러진 도쿠시마德島현 미나미美波 마을 이야기다. 몇 년 전만 해도 폐점한 상점이 즐비하던 미나미 마을에 정보 통신 기업이 위성 사무실(지점)을 열면서 가뭄에 단비처럼 반가운 손님들이 찾아왔다. 초고속 인터넷 시대에 네트워크를 기반으로 업무를 처리하는 정보 통신 기업은 사무실이 어디에 있든 문제 될 게 없다. 더구나 이 회사는 업무와 개인의 취미 활동이 둘 다 중요하다고 생각해서, 업무가 끝나면 언제든 자유롭게 취미 활동을 한다. 농사짓고 싶은 직원은 농사를, 서핑을 좋아하는 직원은 서핑을 즐긴다.

이 회사의 독특한 운영 방식이 세상에 알려지자 도시에서 늘 구인난을 겪던 회사에 지원자가 쇄도했고, 얼마 지나지 않아 도쿄東京에 있던 본사를 농촌으로 옮기는 현상까지 나타났다. 요즘 이슈로 떠오른 스마트 워크를 농촌에서 젊은이를 대상으로 구현한 셈이다. 이 회사의 성공 소식이 전해지면서 도시에 있던 다른 정보 통신 기업도 농촌에 위성 사무실을 만들기 시작했고, 이후 광고 회사나 고객 상담 업무를 하는 회사도 속속 자리 잡았다. 미나미 마을의 상가 거리는 젊은이가 넘쳐나고, 죽어가던 농촌이 활기를 되찾고 있다. 일본과 마찬가지로 농촌의 인구 소멸을 걱정하는 우리나라는 어떨까?

2018년 평창동계올림픽에서 화제의 중심이 된 여자 컬링 국가대표팀. 출중한 실력과 더불어 선수들이 경기 중에 외친 "영미!"가 유행어가 됐다. 이들의 고향이 경북 의성으로 알려지면서 의성군의 특산품 마늘 덕분에 '갈릭garlic 소녀들'이라고 불리기도 했다. 평소 국민에게 이름도 낯선 의성군이 올림픽을 계기로 마늘과 함께 유명해졌다.

지방의 농촌 도시 출신 소녀들이 동계올림픽 사상 최초로 컬링 종목 은메달을 획득한 것도 놀라운 일인데, 의성군이 10년 안에 소멸할 위기에 처했다는 사실이 국민을 더욱 놀라게 했다. 의성군 인구는 2021년 현재 5만 950명으로 10년 전과 비교해 30% 이상 감소했고, 노인 인구 비율은 39.2%로 전남 고흥군과 함께 1, 2위를 다툰다.

동계올림픽 여파로 갑자기 전 국민의 관심이 쏠리자, 의성군청에서는 부랴부랴 인구 대책 회의를 열었다. 각종 전입 지원금과 결혼 장려금 등 돈으로 지원하는 방안은 모조리 내놓았고, 컬링학교를 만들자는 제안도 나왔다. 결국 의성군은 전국 최초로 '출산통합지원센터'를 건립하기로 했다. 갈릭 소녀들 덕분에 생긴 동계올림픽의 또 다른 성과라고 볼 수 있지만, 미봉책 같아 왠지 아마추어 느낌이다.

지방 소멸의 담론을 처음 제기한 사람은 일본의 정치인 마스다 히로야增田寬也다. 그는 《지방 소멸地方消滅》이라는 책에서 중핵 도시core city(특례 도시)를 만들어 인구 유출을 막고, 사람들이 다시 찾아오도록 하는 방안을 제시했다. 마스다가 말한 중핵 도시를 만들려면 명문 대학교나 유명한 기업을 이전한다든지 뭔가 커다란 매력 포인트가 있어야 한다고 생각하기 쉽다. 틀린 생각은 아니지만, 정부 정책에 따른 반강제적 이주는 빠른 성과를 볼 수 있을지언정 오래가지 못한다.

그런 의미에서 일본 정보 통신 기업이 자발적으로 농촌에 위성 사무실을 열어 젊은이에게 스마트 워크를 실현하는 사례는 고무적인 현상이다. 사회적인 문제가 발생하면 해결책으로 건물을 짓는 우리나라와 사뭇 대조적이다. 최근 우리나라 젊은이 사이에서

'제주도 한 달 살이'가 유행한 데 주목할 필요가 있다. 이들이 제주도에 명문 대학교나 일자리가 있어서 찾아오는 게 아니다. '소확행'이 삶의 목표인 요즘 젊은이에게 제주는 분명 매력 있는 곳이다. 농촌의 가치를 훼손하지 않으면서 도시보다 부족한 정주 여건을 약간 개선하면 언제든 다시 찾고 싶은 곳이 된다.

나는 사회복지사니까 간단한 사회복지 정책만으로 젊은이들이 농촌에 살게 할 수 있다고 생각한다. 농촌 지역에 사회복지관을 건립하는 것이다. 사람들은 사회복지관을 건립한다고 하면 으레 건물을 짓는 것으로 오해하기 쉬운데, 건물이 필요한 건 아니다. 종전의 사회적 인프라를 활용하면 건물을 짓지 않고도 충분히 사회복지관을 운영할 수 있다. 우리나라 웬만한 지방 소도시에는 사회복지관이 하나씩 있는데, 건물이 있는 사회복지관은 하나면 충분하다(물론 사회복지관이 없는 지역이라면 한 곳쯤 예쁜 건물로 지어도 좋겠다).

농촌을 예로 들면 군 지역에 있는 사회복지관을 거점으로 읍·면 지역에 사회복지관 분관을 두고, 사회복지사가 동리 지역으로 자유롭게 활동할 수 있게 하는 것이다. 사회복지관도 경찰서-지구대, 보건소-보건지소-보건진료소 개념으로 운영하면 굳이 건물을 지을 필요 없다. 읍·면 행정복지센터나 마을회관, 보건지소 등에 사회복지사가 잠시 들러 행정 업무를 처리할 정도면 된다.

맞춤형으로 찾아가는 복지가 시작된 지도 벌써 10년이 돼간다. 사회복지관이 더는 도움이 필요할 때 일부러 찾아가는 이용 시설에 그쳐선 안 된다. 일본의 정보 통신 기업처럼 사회복지사의 업무 여건을 개선하고, 현재의 전입 지원 정책을 융합하면 젊은 사회복지사라도 기꺼이 농촌으로 향할 것이다.

우리나라도 농촌 재생 정책에 인식 전환이 필요하다. 인류는 농촌에서 비롯됐다. 과학이 발전하고 세상이 아무리 변해도 농자천하지대본農者天下之大本은 불변의 진리다. 농촌의 고령화 문제, 청년 실업 문제, 지역의 복지 사각지대 문제, 농촌 소멸 문제를 한 방에 해결할 대책은 사회복지관이다. 사회복지관이 지방 소멸을 막을 최후의 보루다.

복지관에 찾아오는
철새들

　정해진 계절이 되면 번식지와 월동지를 찾아 이동하는 새를 철새라고 부른다. 봄에 와서 여름에 번식을 하고 가을에 월동지로 떠나는 여름 철새, 가을에 와서 겨울을 나고 봄에 떠나는 겨울 철새, 이동 중에 잠시 쉬었다 가는 나그네새, 번식지와 월동지를 이곳저곳 옮겨 다니는 떠돌이새 등 그 종류와 이름도 다양하다. 예전 출근길에 무심천 하상도로를 지나다가 가끔 낯선 철새를 보면 반가웠다.

　때가 되면 복지관에 찾아오는 달갑지 않은 철새도 있다. 평소에 코빼기도 내밀지 않다가 국회의원 선거나 지방선거가 다가오면 어김없이 복지관으로 날아드는 '선거 철새'다. 빨강, 파랑, 노랑, 초록… 색깔과 종류도 다양한 이 철새는 선거 전후에 종이 완전히 달라진다. 선거 전에는 강아지처럼 사람과 친근하게 굴어서 복지관에 오면 봉사 활동까지 자처하지만, 선거가 끝나면 발길을 뚝 끊는다. 가끔 선거에서 이긴 철새가 찾아오기도 하는데, 그때는 목에 깁스하고 나타나 사회복지사를 쩔쩔매게 만든다. 선거 철새는 여의도로 가기 위해 복지관에 잠시 들른 나그네새라는 생각에 별로 정이 가지 않는다.

우리나라는 선거가 참 잦은 것 같다. 대통령 선거, 국회의원 선거, 지방선거 등 평균 2년에 한 번은 선거를 치른다. 선거철이 되면 각 후보 진영에서 복지 카드를 꺼낸다. 평소에는 정부가 추진하는 복지 정책을 두고 서비스 중복이니, 예산 낭비니, 복지 포퓰리즘이니 하며 어떻게든 복지 예산을 아껴서 지역개발 사업에 열을 올리던 사람들이 선거 때면 한마음으로 자신의 사회복지 정책을 자랑하느라 여념이 없다. 사회복지사로 살면서 정치인을 많이 만났지만, 정말 대단한 사람들이라고 생각한다. 정치가 사람을 기만하기 위해 존재하지 않을 텐데, 결과적으로 반은 좋고 반은 기만당하는 기분이 드는 아주 이상한 게 돼버렸다. 도대체 사는 게 뭔지….

선거를 앞둔 후보들이 내세우는 공약은 절반 이상이 복지 공약이다. 이 복지 공약을 살펴보면 도로와 하천 정비, 복지관이나 경로당 같은 복지시설 추가 건립 등 토목공사가 많다. 10년 대계大計를 위한 미래 지향적인 정책은 하나도 없고, 자신의 임기 안에 성과를 나타낼 수 있는 번지르르한 정책뿐이다. 선거철이면 반복되는 데자뷰 같아 놀랍지도 않고 오히려 식상하다.

후보들이 꺼내는 복지 카드 중에 토목공사가 아닌 것을 보면 무상 보육, 무상 급식, 청년 수당, 노인 수당 같은 공짜 복지 공약 일색이다. 각 후보가 내놓은 복지 공약이 모두 비슷비슷한데, 서로 상대 후보의 공약이 복지 포퓰리즘이라고 비난하는 꼴을 보면 웃음이 절로 나온다. 일반 국민은 단어조차 생소한 포퓰리즘을 가지고 왜 그리 옥신각신하는지 답답하다.

누가 당선되더라도 자신이 공약으로 내건 복지 정책을 실행하기는 쉽지 않다. 후보 시절부터 상대방의 공약을 비난하던 사람들이 선거가 끝나면 반대쪽 정당 의원까지 합세해서 정책 실행을 방해하기 때문이다. 원래 정치인이 하는 공약公約은 믿을 수 없는 공약空約이라고 우스개로 말하지만, 헛된 공약의 최고가 바로 복지 공약이 아닐까 싶다. 후보 때 아무렇지 않게 던진 복지 공약이 당선되고 정작 실행에 옮기려고 하면 극심한 사회적 갈등으로 번지기도 한다. 그래서 복지 공약은 수정에 수정을 거듭하다가 아무것도 하지 못하고 상처만 남는다. 도대체 민주주의가 뭔지….

복지관에서 만나는 선거 철새는 사회복지를 단순히 미덕으로 생각하는 것 같아 안타깝다. 현대사회에서 사회복지는 사회정의를 실천하는 도구 의미가 크다. 사회복지를 선거용 미덕으로 생각하는 건 정치인이 먹고살기 위해 어쩔 수 없다 치더라도, 최소한 정의로운 미덕으로 생각해줬으면 하는 바람이다. 사회복지가 도덕적으로 적정한 동기에서 비롯돼, 목적의식 없이 모든 사람의 마음을 얻을 때 비로소 정의로운 미덕이라고 할 수 있지 않을까. 사회복지는 사람을 위한 정책인데, 미덕으로 표는 살 순 있어도 사람의 마음은 얻지 못할 테니 사회복지사로서 마음이 무겁다.

다음 선거철에도 복지관으로 찾아올 선거 철새들이 얻고 싶은 것이 표인지, 사람의 마음인지 궁금하다. 당연히 표라 해도 사회복지는 정의로운 미덕이니, 정치인이 내건 사회복지 공약은 의무감을 가지고 반드시 실행하기 바란다. 그리고 정의로운 사회복지 정책을 실행하는 데 다음 선거에서 보답을 기대하지 않았으면 한다. 사회복지가 정의로운 미덕이라고 생각한다면 적어도 정의를 잘못 실천하거나 위반했을 때 처벌이 따를 수 있다는 것쯤은 알아야겠다.

다음 선거철에는 사회복지사들이 선거 철새를 반갑게 맞이할 수 있었으면 좋겠다. 정치하는 철새들도 복지관이 잠시 들렀다 가는 곳이 아니라, 자신이 내건 복지 공약을 실천하기 위해 아주 중요한 곳임을 명심하기 바란다. 다음 선거철에 다시 만나기 위해서라도 말이다.

마을로 간 복지관,
그후

　2019년 2월 1일, 스마트복지관 사무실을 마을회관으로
이전했다. 시범 사업을 시작한 지 3년여 만이다. 그동안 상가를 임
대해 복지관 사무실로 써서, 항간에는 스마트복지관은 건물이 없
는 복지관으로 아는데 매달 비싼 임대료를 내며 운영하는 게 과연
시범 사업 취지에 맞느냐는 볼멘소리가 끊이지 않았다. 나도 그
부분이 시범 사업을 하는 내내 마음의 짐이었다.

　구태여 변명을 하자면 시범 사업을 시작할 때만 해도 전례 없는
사업에 관한 생경함과 실효성을 장담할 수 없다는 이유로 좌초될
뻔한 적이 여러 번 있었다. 일각에서는 시범 사업을 시작하지도
않았는데 스마트복지관이 복지관이냐 아니냐를 두고 갑론을박이
벌어졌다. 급기야 제주도청은 한발 물러나 시범 사업 명칭을 '가
상 복지관 시범 사업'에서 '제주 스마트 복지사업'으로 바꿨다. 사
업의 별칭이던 스마트복지관을 스마트커뮤니티센터로 바꿔 부르
는 웃지 못할 일도 벌어졌다. 지금 생각해도 그게 무슨 소용이 있

나 싶다.

복지관의 이름이 뭐든 시범 사업을 시작했으니 사무실이 필요했다. 스마트복지관은 청사를 짓지 않고 지역의 유휴 시설(기껏 지어놓고 잘 쓰지 않는 공공시설)을 활용해 사업을 추진하는 게 핵심인데, 당장 사업을 시작해야 하는 상황에서 마을을 돌아다니며 빈 건물을 찾아 주민을 설득하는 일은 말처럼 쉽지 않았다. 어느 날 갑자기 나타난 '듣보잡' 사회복지사에게 자신들의 공간을 흔쾌히 내줄 마을이 있겠는가. 나는 처음부터 불가능한 일이라 판단하고, 주거지역이 밀집한 곳에 사무실을 임대하기로 마음먹었다.

그렇게 스마트복지관 사무실을 임대했다는 누명(?)을 쓰고 반대하는 사람들의 눈칫밥을 먹어가며 3년 가까이 시범 사업을 꾸역꾸역 마쳤다. 시범 사업이 끝난 이듬해, 그동안 쌓아온 신뢰를 바탕으로 주민의 동의를 얻어 근처 마을회관으로 사무실을 옮겼다. 물론 100% 무상 임대다. 아니 임대보다 공유라는 표현이 맞겠다. 스마트복지관은 주민이 사용하던 공간을 사회복지사와 공유하며 지낼 수 있게 됐다.

비록 먼 길을 돌아온 듯 오래 걸렸지만, 스마트복지관은 그제야 제자리를 찾은 것 같았다. 물리적 공간을 이동했을 뿐인데, 사회복지사가 마을회관으로 출근하기 시작하면서 많은 변화가 생겼다. 가장 눈에 띄는 변화는 주민이 사회복지사를 알아보게 됐다는 사실이다. 사회복지사가 마을에 상주하면서부터 이전에는 사회복지란 말도 생소해하던 주민이 서로 알아보고 인사를 주고받는 사이가 됐다. 인사가 별건가 싶겠지만, 모든 관계는 인사하는 데서 출발한다. 주민이 사회복지사가 무슨 일을 하는 사람인지 알고, 사회복지관이 어떤 곳인지 관심을 두기 시작했다.

변화는 계속됐다. 예전 사회복지관이라면 상상도 못 할 일인데, 주민이 스스로 복지관에 찾아와 고민을 털어놓은 것이다. 어느 날 한 주민이 복지관(마을회관)에 와서 층간 소음에 대한 고민을 이야기했다. 나는 속으로 '이런 일까지 사회복지사가 해결할 수 있을까?' 싶었는데, 못 할 것도 없겠다는 생각이 들어 그 주민과 함께 상황을 알아보고 해결책을 강구하기로 했다.

어느 날은 출근길 공원에서 만난 할머니가 나를 알아보더니, 고장 난 휴대전화를 내밀며 한번 봐달라고 했다. '이제는 휴대전화 수리까지 해야 하나?!' 살짝 어이가 없었는데, 그 할머니는 한 시간 전부터 나와서 내가 지나가기를 기다렸다고 했다. 얼핏 사소한 일이라고 생각할 수 있지만, 이는 사회복지사로 살아오면서 처음 겪는 아주 특별한 경험이었다. 이 또한 사회복지사가 마을회관으로 출근하다 보니 생긴 변화다.

새삼스럽게 사회복지사로 살아온 지난 10년을 돌아본다. 그동안 내가 해온 지역복지는 무엇인가? 이런 생각이 드는 것도 변화라면 변화다. 제주에서 스마트복지관 시범 사업을 시작할 때는 당장이라도 지역사회 중심 복지 전달 체계가 생길 듯했지만, 말처럼 쉽지 않았다. 시범 사업의 성과는 고사하고 사업 취지에 맞는 사무실을 구하는 데만 3년이 걸렸다. 지역사회 중심 복지 전달 체계는 많은 시간이 필요하다는 방증이다. 다른 사람에게 스스럼없이 도움을 청하려면 신뢰가 바탕이 돼야 하기 때문이다. 그런데 사람의 마음을 움직이기가 어디 그리 쉬운가.

스마트복지관, 아니 지역복지 전달 체계에 대한 논쟁은 지금도 계속되지만 별로 나아지지 않았다. 새로운 정책을 확신하고 추진할 의지가 없는데 논쟁하는 건 무의미하다. 관행을 유지하면 편하게 일할 수 있으니, 굳이 바꾸려 하거나 제대로 알아보려고 노력하지 않는다. 탁상행정처럼 '탁상 복지'도 문제다. 지역복지를 하는 사회복지사가 사회복지관에 머문다는 사실을 주민이 알면 과연 이해할 수 있을까? 사회복지관 이름이 스마트복지관이면 어떻고, 행복센터면 어떤가. 사회복지관 혹은 사회복지사가 지역사회인 마을에 있다는 사실을 주민이 인지하는 게 핵심이다.

나도 스마트복지관에서 일하며 마을회관으로 출근하기 전에는 몰랐다. 백문이 불여일견은 지역복지를 두고 하는 말인가 보다. 지역복지는 풍문으로 들어선 절대 할 수 없다. 보고서만 가지고도 절대 할 수 없다. 복지관이, 사회복지사가 마을로 나와보니 이제야 깨달았다. 사회복지의 최종 목적지는 결국 주민이다.

하이퍼리얼리즘
사회복지관

하이퍼리얼리즘hyperrealism이란 주관을 극도로 배제하고 중립적인 입장에서 그림을 사진처럼 사실적이고 완벽하게 묘사하는 미술 경향이다. 쉽게 말하면 사람이 그린 그림인데 사진과 구별하기 어렵거나 사진보다 실제에 가깝게 그린 그림을 하이퍼리얼리티 혹은 극사실주의 작품이라고 한다. 나처럼 그림을 모르는 사람이 극사실주의 작품을 보면 사진인지 그림인지 헷갈려서 마냥 신기하고 대단하다는 생각밖에 들지 않는다. 한편으로는 '어차피 똑같이 그릴 거면 편하게 카메라로 찍지 굳이 그려야 할까?'라는 생각이 들기도 한다.

몇 년 전, 거리에 나와 사람들 앞에서 이야기하는 토크 버스킹 프로그램이 있었다. 그 프로그램에 우리나라뿐만 아니라 해외에서도 꽤 유명한 극사실주의 서양화가 정중원 씨가 출연했다. 사람들은 그에게 "어차피 사진처럼 그릴 건데 힘들게 그리는 이유가 무엇인가?"라고 물었다. 정중원 씨는 잘라 말했다. "헷갈리라고!"

사진이 있어서 더더욱 진짜처럼 그리게 된다고 했다.

극사실주의는 단지 실체와 똑같이 그리는 기교의 문제가 아니라 보는 사람들이 사진인지 그림인지 헷갈리게 하는 것, 즉 사람들이 작품을 보면서 잠깐이나마 가상과 현실의 혼돈 속에 고민하게 만드는 데 의미가 있다는 것이다. 가끔 인터넷에 있는 극사실주의 그림을 멍하니 보면서 참 잘 그렸다고 감탄만 했지, 이렇게 깊은 철학이 담겼을 줄은 꿈에도 몰랐다. 극사실주의 작품은 보고 또 봐도 정말 대단하다는 생각이 든다.

정중원 씨가 한 말처럼 우리는 가상과 실제가 공존하는 세상에 산다. 하이퍼리얼리즘으로 구현된 하이퍼리얼리티는 말 그대로 현실을 뛰어넘는 비현실적인 것이다. 현실에서 원본을 흉내 내는 가짜나 복제품, 사이비를 의미하기도 하고, SNS처럼 인터넷을 통해 이뤄진 가상 세계를 일컫기도 한다. 최근에는 기술이 발전하다 보니 원본보다 원본 같은 복제품이 즐비해서 사람들이 진짜인지 가짜인지 속는 경우도 많고, 실제로 사기를 당하는 경우도 허다하다. 밥은 굶어도 휴대전화가 없으면 못 사는 세상이라, 인터넷의 가상 세계가 현실을 지배하는 예도 많다. '맛집'에 다니기 좋아하는 사람이 SNS로 지인과 공유하는 게 본래 의도였을 텐데, SNS를 해서 사람들의 반응을 즐기거나 돈을 벌기 위해 맛집을 일부러 찾아다니는 것이다.

우리 사회도 하이퍼리얼리즘의 관점으로 보면 마찬가지 현상을 목격한다. 사회는 개인이 모여서 만든 가상의 공동체 혹은 공동사회Gemeinschaft라고 할 수 있다. 그러나 사회가 점점 비대해지면서 권력과 계급이 생기고, 개인으로 구성된 가상의 공동체가 오히려 권력과 계급으로 개인을 통제·억압하는 아이러니한 현상을 경험한다. 가상 세계(혹은 하이퍼리얼리티로 이뤄진 세상)에 너무나 익숙한 나머지 가상 세계를 진짜 현실로 인식하고 진짜가 나타났을 때 오히려 현실을 외면하는 현상까지 나타나고 있으니, 이건 단지 미술 작품을 감상하는 정도가 아니라 사회적인 문제로 번지는 양상이다. 이런 측면에서 하이퍼리얼리티는 리얼리즘이 극단화된 미술 작품으로 볼 수 있지만, 극도로 사실적인 표현을 통해 리얼리즘(현실)의 허구성을 폭로하는 아이러니한 철학이 담긴 신묘한(?) 예술의 한 분야라고도 볼 수 있겠다.

나는 현실에서 평범한 사회복지사로 살고 싶은데, 어쩌다 제주도에 내려와 가상 복지관(이름만 가상이다)을 운영했다. 그러다가 현실 복지관의 반대에 부딪혀 가상 복지관은 사라지고, 나는 사회복지 일을 그만두고 말았다. 결과만 놓고 보면 가상이 현실을 속이려다 혼쭐이 난 것 같지만, 자세히 보면 꼭 그런 것도 아니다.

스마트복지관은 청사가 없어서 가상 복지관(현실에 없는 가상 virtual이 아니라 건물이 없어서 이름만 가상shapeless)이라고 불리지만, 기능적인 측면에서는 원래 있던 사회복지관의 역할을 같이 수행한다는 취지로 시작했다. 스마트복지관은 건물이 없을 뿐, 스마트워크 환경과 현장에서 직접 복지 업무를 진행하다 보니 현실에 있는 사회복지관보다 운영의 효율성과 서비스 접근성이 매우 향상된 모델이다. 현실 사회복지관에서 근무하는 사회복지사들이 가상 복지관을 견학하려고 비행기를 타고 제주까지 찾아왔다는 사실도 가상이 현실을 지배하는 하이퍼리얼리즘의 왜곡된 현상으로 보는 게 맞지 않을까 싶다. 어떻게 보면 스마트복지관이야말로 가상이 현실을 뛰어넘는 사회복지관의 하이퍼리얼리티다.

스마트복지관의 하이퍼리얼리즘은 종전 사회복지관의 기능과 역할을 복제하는 데 그치지 않고, 콘크리트처럼 굳은 사회복지관의 설립과 운영 방식을 타파하고 그 역할과 기능을 재정립해서 왜곡된 현실을 극명히 드러내고자 했다. 본래 사회복지관은 주민의 참여와 협력으로 지역사회의 복지 문제를 예방하고 해결하기 위해 종합적인 복지 서비스를 제공하는 시설(사회복지사업법에 적힌 사회복지관의 정의)이다. 사회복지관 운영의 기본 원칙도 지역사회의 특성과 주민의 문제나 욕구를 사업에 반영해 서비스를 제공하고(지역성의 원칙), 사회복지관의 능력과 전문성이 최대한 발휘될 수 있도록 자율적으로 운영하는(자율성의 원칙) 것이다.

전국에 460개가 넘는 사회복지관이 있는데, 제공하는 서비스는 지역의 특성을 반영했다기보다 누가 만들었는지도 모르는 사업 지침과 규정을 베낀 듯 대동소이하다. 전국에 동시다발적이고 일률적으로 진행되는 사회복지관 평가와 공공의 역할론을 앞세운 현재 지도·감독 체제에서는 사회복지관의 자율성을 논하는 자체가 비현실적인 일이 됐다.

하이퍼리얼리즘의 예술적 목표는 대상을 기술적으로 정밀하게 묘사하는 것이 아니라, 아무리 진짜 같은 묘사도 결국 묘사에 불과하다는 사실을 극명하게 드러내는 데 있다. 현실에서 가짜라고 불린 스마트복지관도 스마트 워크니, 모바일 오피스니 떠들어대도 결국 현실 사회복지관 운영 방식의 허구성을 폭로하는 기술적인 묘사에 불과하다. 다만 스마트복지관에서 보여주는 하이퍼리얼리즘 철학을 통해 시대적 환경에 맞는 사회복지관의 운영과 민관의 역할 재정립, 사회복지사의 정체성 확립에 이바지하는 계기가 됐으면 했다. 스마트복지관의 하이퍼리얼리티는 사라졌지만, 그동안 많은 사람이 보고 느끼고 전율한 순간과 이 글이 남아 스마트복지관의 하이퍼리얼리즘이 후대에 전해지길 바랄 뿐이다.

복지관이
사라졌다

　제주도에서 스마트복지관 시범 사업을 마치고 근처 마을
회관으로 사무실을 옮긴 지 한 달쯤 됐을 때 일이다. 마을회관 입
구에 붙인 스마트복지관 간판을 새로 달아야 했다. 복지관 이름을
'복지관'에서 '복지센터'로 바꾸기 위해서다. 복지관을 복지센터로
바꾸는 게 도대체 무슨 의미가 있느냐고 물어볼 수도 있지만, 우
리나라에서는 한 끗 차이가 매우 중요하다.

　시범 사업을 하는 동안 스마트복지관의 정체성을 걱정해주신
많은 사회복지사 덕분에 나는 법 조항을 뒤져가며 사회복지관의
정체성에 관해 설명해야 했다. 사회복지관도 아직 정체성을 찾지
못해 길을 잃고 헤매는데, 근본도 없는 스마트복지관이 나타나 혼
란을 가중했기 때문이다. 간판을 바꾸는 정도는 아무 일도 아니다.
시범 사업 중에 별짓을 다 해봤지만, 내 부덕으로 스마트복지관은
법적인 근본을 만들지 못하고 사라졌다.

　제주도가 사업의 혁신성과 필요성을 공감하면서 의욕적으로

확대를 준비하던 스마트복지관이 어느 날 갑자기 울며 겨자 먹기로 이름을 바꾼 이유는 간단하다. 안내 지침에 따르면 스마트복지관은 복지관이 아니기 때문이다. 다른 사회복지관과 하는 일이나 기능, 역할, 운영되는 방식마저 같은데 '복지관'이라는 이름은 쓸 수 없다니 답답한 노릇이다. 복지관이라는 이름에 무슨 특허가 있는 것도 아니고, 과연 법에서 사회복지관을 어떻게 규정하기에 이 난리를 피우는지 궁금하다. 스마트복지관이 사회복지관 정체성의 또 다른 혼란을 가져왔는지 차근차근 살펴봐야겠다.

우리나라 사회복지관의 법적 근거는 1983년 개정된 사회복지사업법에 있다. 사회복지사업법은 26개 개별 법으로 구성되는데, 사회복지관은 법적 근거가 노인복지관이나 장애인복지관 등 여타 사회복지시설처럼 개별 법에 있지 않고 상위 법 자체에 있는 유일한 사회복지시설이다. 쉽게 말해 사회복지관을 위한 개별 법이 따로 없다. 사회복지관 설치에 관한 규정은 1989년에 마련된 사회복지사업법 시행규칙에 있다.

사회복지사업법 시행규칙 23조에 따르면 "사회복지관에는 강당 또는 회의실과 방음 설비를 갖춘 상담실을 갖추어야 한다". 스마트복지관은 바로 이 조항 때문에 복지관이 될 수 없었다. 게다가 보건복지부가 발간하는 《사회복지관 운영 관련 업무 처리 안내》에 이런 내용이 있다. "법에 의한 사회복지관 이외에는 '사회복지관' '복지관' '복지회관'이라는 명칭을 임의로 사용하지 못한다." 스마트복지관은 안내 지침 때문에 복지센터로 이름을 바꿔야 했다. 복지관은 안 되고 복지센터는 되는 잣대가 참 우습다.

100년 역사를 자랑하는 우리나라 사회복지관은 오래전부터 심각한 정체성의 혼란을 겪고 있다. 2000년대 이후 노인복지관과 장애인복지관, 건강가정지원센터, 행정복지센터, 자원봉사센터 등 특화한 서비스 기관이 등장하면서 사회복지관의 위상은 훼손되고, 종합 사회복지 기능은 할양됐다. '종합'이 함유하는 통합의 명분조차 공공 부문의 '통합 사례 관리' 기능 확장에 따라 점차 위축되고, 최근에는 바우처voucher 사회 서비스 생산 참여로 사회복지관에 대한 공적 보조의 정당성 명분마저 흔들린다. 정리하면 사회복지관 이름 앞에 '종합'을 붙여 사회복지 서비스 공급의 책임을 떠넘겨온 정부가 뒤늦게 사회복지 서비스를 대상별·유형별 급여체계로 제도화하는 과정에서 발생한 정체성의 혼란이다. 정부가 야기한 혼란을 고스란히 사회복지관이 겪는 셈이다.

나는 스마트복지관의 정체성을 잃어버리고 사회복지관의 정체성을 찾아 헤매다가 한 논문에서 흥미로운 내용을 발견했다. "사회복지관은 민간의 자발적인 복지 기관인가, 정부 사업 대행 기관인가?" 다소 도발적인 이 질문에 제대로 답할 사회복지관이 얼마나 있을까 싶다. 이렇게 자존심이 상할 질문에도 속 시원한 답을 내놓기 어려운 까닭은 우리나라 사회복지관 100년 역사에서 연속선에 놓인 서로 다른 사회복지관이 존재하기 때문이다.

사회복지관은 역사적으로 인보관settlement house에서 비롯된 것으로 알려졌다. 1884년 영국의 토인비홀Toynbee hall과 1889년 미국의 헐하우스Hull house는 지역사회의 빈곤과 고용, 주거 환경 같은 문제를 해결하기 위해 노력한 민간 차원의 사회운동이다. 우리나라 사회복지관의 역사도 마찬가지다. 우리나라 최초 사회복지관은 1906년 선교사 메리 놀스Mary Knowles가 세운 인보관이다. 1921년 선교사 메이미 마이어스Mamie D. Myers 여사가 세운 태화여자관이 뒤를 이었다. 이후 1970년대까지 민간 종교 단체와 사립대학이 사회복지관을 설립하면서 그 수가 점차 늘어갔다.

민간이 자발적으로 건립·운영하던 우리나라 사회복지관은 1980년대에 정부의 재정적 지원이 법제화되면서 큰 전환기를 맞이한다. 1988년 정부가 주택 200만 호 건설 사업을 벌이면서 영구임대아파트 단지에 사회복지관 설치를 의무화해, 당시 24개에 불과하던 사회복지관은 10년 뒤 324개가 됐다. 현재 우리나라에는 460여 개 사회복지관이 운영되고 있다.

얼핏 보면 우리나라 사회복지관은 민간에서 시작해 점점 발전해온 것 같다. 그런데 지금처럼 사회복지관의 정체성을 논할 때 19세기 민간 차원의 사회복지 운동으로서 인보관과 2000년대 이후 제도화된 조직으로서 존재하는 사회복지관을 연속선에 두고 이야기하는 것은 문제가 있다. 민간이 설립하고 지역사회 실천 모델로 운영하는 사회복지관과 정부 법률에 따라 설치하고 재정적 지원을 받으며 운영하는 사회복지관은 DNA가 완전히 다르기 때문이다.

역사를 살펴보면, 우리나라 사회복지관은 90% 이상이 정부의 재정적 지원이 법제화된 1980년대 이후에 설치한 기관이다. 그리고 우리는 민간이 위탁 운영하는 95%가 넘는 사회복지관을 민간 사회복지 전달 체계의 중심이라고 일컫는다. 공공서비스인 사회복지를 제공하기 위해 정부 법률에 따른 설치 근거가 있고 재정적 지원을 받으며, 정부의 운영 지침에 따라 운영하는 현재의 사회복지관을 민간 기관으로 간주하는 것이 과연 타당할지 의문이다.

공공서비스를 민간이 위탁 운영한다고 해서 민간 서비스가 되지 않는다. 예를 들어 시내버스를 민간 운수회사가 위탁 운영한다고 해서 공공재가 아니라고 하는 사람은 없다. 우리나라 사회복지관은 공공의 사회복지 서비스 공급 체계로 인식하는 것이 타당하다. 지금 혼란을 겪는 사회복지관의 정체성 찾기도 여기서 출발해야 한다. 출생의 비밀도 알지 못하면서 자기 정체성을 찾아 헤매는 것은 비극이다.

정부는 사회복지 전달 체계 개편에서 항상 민간 사회복지 기관을 배제했고, 정책이 실패하면 민관 협력을 강조했다. 사회복지 정책이 실패하는 원인은 사회복지를 민과 관으로 구분하는 것이다. 사회복지관도 마찬가지다. 민간 복지 기관으로 생각한다면 정부의 눈치를 그만 살피고 자율적으로 사회복지를 실천하고, 그렇지 않다면 정부에서 추진하는 전달 체계 개편에 편승하면 된다. 지긋지긋한 정체성 논란은 그만두고, 다시는 복지관을 복지센터라고 말해야 하는 지록위마의 우를 범하지 않았으면 한다.

사족

어느 날 도청에서 전화가 왔다. 스마트복지관 이름을 스마트복지센터로 바꿔야 한다는 내용이었다. 전화를 끊고 잠시 생각에 잠겼다. 스마트복지관이 '복지관'이라는 이름 때문에 종전 복지관에게 욕을 먹고 있던 터라 오래전부터 예상한 바였다. 그깟 이름 하나 바꾼다고 달라질 게 뭐가 있나 싶었다. 하지만 공무원이 시키는 대로 하자니 자존심이 허락지 않았다.

나는 '복지센터' 대신 '커뮤니티센터'로 이름을 바꾸기로 했다. 복지관은 원래 영어로 community center다. 복지관 이름을 복지센터로 바꾼 게 아니라 영문으로 표기한 것뿐이었다. 다행히 아무도 눈치채지 못하고 넘어갔다. 그렇게 스마트복지관은 스마트커뮤니티센터가 됐다. 영어 이름을 한글로 써놓고 보니 낯설긴 했다. 지금 생각해도 정말 의미가 없고 유치원생 말싸움 같지만, 이게 현실이다. 좋았다면 추억이 되고, 힘들었다면 경험이 되는 것 아니겠나 싶다. 세월이 흘러도 변하지 않는 사실은 사과를 apple로 써도 사과라는 것이다.

시기상조가 된
사회복지관

2019년 가을쯤인가, 경기남부권역외상센터장 이국종 교수가 국정감사장에서 경기도의 중증외상센터와 닥터헬기(응급 의료용 헬기) 운영, 수술실 CCTV 설치 등과 관련해 참고인 진술을 하는 영상을 봤다. 이 교수는 힘없이 좌절하는 모습이 역력했다. 매일 환자 돌보기에도 바쁜 현직 의사가 무슨 이유로 국정감사장에 나와 죄인처럼 저러고 있는지 영상을 보는 내내 궁금했다. 국회의원들의 질문 공세에 이 교수의 답변은 놀라웠다.

"요즘에는 여기까지가 한국 사회에서 할 수 있는 한계라고 많이 생각하고 있다. (…) 이 자리에서 내일이라도 당장 닥터헬기는 고사하고 외상센터가 문을 닫아야 할 이유를 대보라고 하면 30여 가지를 쏟아낼 수 있다. 그걸 간신히 정책적 관심에 의지해서 뚫고 가는 것이기 때문에 앞으로도 많은 난항이 예상된다."

이국종 교수는 2011년 소말리아 해적에게 납치된 우리나라 선원들을 구하는 '아덴만 여명 작전'에서 총상을 당한 피랍 선박의 선장을 극적으로 살려내면서 국민의 영웅으로 알려졌다. 2017년에는 공동경비구역JSA을 통해 귀순하려다 총상을 당한 북한 병사를 또다시 기적적으로 살려내면서 우리나라 중증 외상 분야의 최고 실력자로 인정받는 의사다. 그가 국정감사장에서 중증외상센터와 닥터헬기 운영의 어려움을 토로하며 다시 한번 매스컴을 떠들썩하게 한 것이다.

이 교수를 통해 세상에 알려진 우리나라 응급 구조 시스템은 열악했다. 병원에 닥터헬기나 소방헬기가 있어도 탑승할 간호사가 부족해서 관련 의료진은 고된 업무에 시달렸다. 전국 곳곳에 닥터헬기가 환자를 태우거나 내릴 수 있도록 사전에 이착륙을 허가받은 인계점이 있어도 조명 시설이 없는 곳이 많아, 야간에는 무용지물이었다. 이마저 헬기 소음에 따른 민원 때문에 이착륙장 사용이 거부되는 곳이 수두룩했다.

지난 몇 년 동안 이 교수의 노력으로 닥터헬기가 세간의 이목을 끌자, 정부와 지자체는 부랴부랴 지원책을 마련하기 시작했다. 경기도는 전국 최초로 24시간 출동할 수 있는 닥터헬기를 도입했고, 교육청과 협력해서 588개에 불과하던 인계점을 학교 운동장 1755개를 포함해 총 2420개 확보했다. 정부도 손 놓고 있지 않았다. 중증외상센터의 열악한 근무 환경을 개선하고 간호 인력을 충원하라며 국비 22억 원을 지원했다.

이때만 해도 이국종 교수의 고민은 거의 해결되는 듯 보였다.

그런데 국정감사장에 나타난 이 교수는 오히려 예전보다 초췌한 모습이었다. 축 처진 어깨와 졸린 듯 반쯤 감긴 눈, 나지막이 떨리는 목소리는 뭔가 일이 잘못됐음을 말해주고 있었다. 이 교수의 모습에 질문하던 국회의원들도 안타까워했다. 나 또한 그 모습이 안쓰러웠지만, 한편으론 정부와 지자체가 전폭적인 지원을 했는데도 문제가 해결되지 않는다는 게 의아했다.

마침 이에 대한 이 교수의 대답이 나왔는데, 그 내용은 다시 한번 주변을 놀라게 했다. 이 교수는 정부가 지원한 예산으로 중증외상센터에 간호사 60명을 증원할 수 있는데, 병원에서는 37명만 증원하고 나머지 예산 상당 부분은 종전 일반 간호사 월급을 대체하는 데 썼다고 했다. 그동안 헬기장 주변 주민의 민원 때문에 이착륙이 불가능한 줄 알았던 닥터헬기 사업이, 알고 보니 수지타산이 맞지 않아 가끔 들어오는 민원을 핑계로 병원 내부에서 조직적으로 반대하는 움직임이 있다고도 했다.

이 교수는 "국회와 언론, 정부에서 많이 도와주셨지만, 일선 의료 기관이 중증 외상 환자를 살리는 핵심 가치를 이행하지 못했다. 센터장으로서 중간에서 어떻게든 막아야 했는데 뼈아프게 생각한다"라고 자책했다. 문제는 예산 부족이 아니라 병원 내부 조직에 있었다. 메디컬 드라마에서 봤을 법한 비현실적인 일이 버젓이 일어난다는 사실이 놀라울 따름이었다.

영상이 끝나고 한참을 멍하니 있었다. 화면 속 이국종 교수의 모습이 당시 나와 많이 겹쳤기 때문이다. 중증외상센터 상황도 스마트복지관 문제와 거의 비슷했다. 스마트복지관은 제주도의 전폭적인 지원에도 앞으로 추진할 수 없게 됐다. 육지에서는 같은 사업을 벤치마킹해 운영 중인 곳도 있고, 스마트복지관을 만들고 싶다는 문의가 끊이지 않았는데, 정작 정책을 시작한 제주도는 시범 사업을 접고 원래 방식으로 돌아가기로 했다. 이런 결정에 사업을 함께해온 주민은 허탈감을 감추지 못했다. 스마트복지관의 이런 결말은 오래전부터 예견됐다. 주민과 전국에서 다녀간 사람들의 관심에 의지해 간신히 버텨왔는데, 여기까지가 한계인가 싶은 생각이 들었다.

　내가 이 교수의 영상을 보고 공감한 이유는 스마트복지관의 문제도 사회복지 내부에 있었기 때문이다. 스마트복지관 사업은 주민과 관계 공무원은 격려해주는데, 아이러니하게도 같은 분야에서 일하는 사회복지사나 기관장이 예민하게 반응했다. 건물이 없으면 복지관이 아니라고 트집을 잡고, '복지관'이라는 사업 명칭도 쓰면 안 된다고 했다. 시범 사업 중인데 시설 평가를 받지 않으니 전문성이 떨어지고, 너무 편하게 일하려고 한다며 억지를 부리기도 했다.

　처음에는 나도 전례가 없는 사업의 생경함에 그럴 수 있다고 생각했다. 하지만 시간이 지날수록 비난의 수위는 낮아질 기미가 보이지 않았다. 시범 사업이 끝나가는 시점에서 법을 만들어야 할 도의회를 중심으로 법적인 근거가 없다는 이유로 사업 연장을 문제 삼기 시작했다. 급기야 사회복지관 내부에서 조직적으로 사업을 저지하고자 하는 움직임까지 나타났다. 시범 사업 기간에 스마트복지관 정책을 벤치마킹하겠다며 육지에서 온 이들과 사뭇 대조적인 모습이었다.

그동안 내가 어떻게든 성공해보려고 공무원 대신 보건복지부를 찾아가 정책 설명을 하고, 직접 조례안을 만들겠다며 아등바등한 것이 주제넘은 일이 돼버렸다. 그 정도야 자칭 전문가인 민간 사회복지사로서 충분히 해볼 수 있는 일이라고 애써 합리화했다. 나를 가장 허탈하게 한 건 사회복지사 동료의 말이다. "사업의 취지와 필요성은 인정하지만, (제주 사회는) 시기상조다."

나는 시기상조라는 말을 이해할 수 없었다. 그들의 말대로 스마트복지관은 법적 근거가 미비하고 주민의 인식도 부족해 시기상조이기 때문에 시범 사업으로 시작한 것이다. 시기상조인 정책이 앞으로 잘 정착될 수 있도록 시험 삼아 추진해보는 것이 시범 사업 아닌가. 시기상조인 시범 사업은 그 성과를 평가하고 미비한 점을 개선한 뒤에 법적 근거를 마련해도 늦지 않다. 아니 반드시 그렇게 해야 한다.

스마트복지관이 시기상조라고 말하는 사람은 뭔가 다른 의도를 숨기는 게 아닌지 의심스러웠다. 시기상조는 어떤 일을 하기에 아직 때가 이르다는 뜻이다. 어떤 일의 당위성과 필요성은 인정하지만, 실행은 미루자는 말이다. 어떤 일이 시기상조라고 말할 때 '미루고 싶다'고 느끼는 사람에는 두 종류가 있다. 그 일이 실현되기를 바라는 사람과 그렇지 않은 사람. 전자는 그 일이 제대로 실현되기 위해서라도 주변 조건이 무르익을 때까지 기다려야 한다고 믿는 사람이다. 섣불리 밀어붙였다가 일을 그르치기라도 하면 실패의 충격이 재기할 기회마저 앗아 갈 수 있다고 염려하는 사람이다. 이 말은 옳다. 문제는 후자다. 그 계획이 실현되지 않기 바라지만, 전자를 흉내 내며 우리 사회의 진보를 가로막는 사람이다.

그래서 나는 시기상조라는 말이 참 씁쓸하다. 사실 나도 스마트복지관이 뭔지 제대로 알아보지 않고 무작정 비행기를 탔다. 멋모르고 시작한 사업이지만, 취지를 알고 조금씩 일을 진행하면서 한 가지는 확실히 깨달았다. 스마트복지관은 새로운 전달 체계도, 혁신 사업도 아니다. 스마트복지관은 그저 오랫동안 잊고 지낸 사회복지관의 본래 모습을 찾아가는 과정이다. 사회복지사로 살면서 이제야 때늦은 깨달음을 얻었는데, 앞으로 지속할 수 없게 됐으니 아쉬움이 많다. 내게 스마트복지관은 시기상조가 아니라 만시지탄이다.

진실을 말해도
통하지 않으면

출발이 좀 불안했지만, 스마트복지관은 우여곡절 끝에 겨우겨우 시작했다. 막상 시작하고 나니 주변 사람들의 우려와 달리 생각보다 괜찮았다. 복지 서비스를 제공하는 사회복지사가 마을에서 근무하고, 업무 환경을 개선해 주민에게 좀 더 가깝고 효율적으로 서비스를 전달할 수 있는 모델이었다. 쉽게 말해 스마트복지관은 종전 사회복지관의 역할과 기능은 같지만, 서비스 전달 방법과 복지관 운영 방식을 혁신한다는 취지였다. 말만 지역·현장 중심 복지가 아니라 시간이 좀 걸리더라도 신뢰를 바탕으로 스마트 워크를 과감하게 사회복지 업무에 적용했고, 스마트복지관은 그 가능성을 스스로 검증해왔다.

처음에 스마트복지관을 낯설게 느끼던 주민이 스마트복지관의 존재와 필요성을 알고부터 복지관에서 하는 일에 스스로 참여했다. 지역복지의 경쟁 상대(?)로 생각하던 지역 자생 단체도 어느 순간 서로 신뢰하며 지역사회 발전과 복지 증진을 위한 파트너가 됐다. 스마트복지관은 현실성이 떨어지고, 지역사회(아마 지역에 있는 복지 기관을 의미한 것 같다)의 반대에 부딪혀 시범 사업에 그칠 거라고 비아냥대던 전국의 사회복지 기관도 스마트복지관을 벤치마킹하기 위해 찾아왔다. 시범 사업을 시작한 지 2년도 안 돼 인천광역시와 경기도 파주시가 스마트복지관 모델을 벤치마킹해 운영에 들어갔고, 이 소식을 들은 다른 지자체에서도 스마트복지관을 도입하기 위해 정책 추진을 서두르고 있다.

스마트복지관은 사회복지관을 배고프고 할 일 없는 사람이 이용하는 공짜 시설로 여기던 주민의 인식을 바꾸는 계기를 마련했다. 자신도 모르게 건물(조직)에 갇혀 규정과 매뉴얼에 따라 일하던 사회복지사에게 새로운 희망을 줬다(물론 스마트복지관을 제대로 알려고 한 사람에게 그랬다). 사회복지를 보여주기, 생색내기로 자기 정치의 당근으로 여겨온 지역구 정치인에게 경종을 울리기에도 충분했다. 이제 스마트복지관이 무엇인지, 사회복지관의 미래를 어떻게 준비해야 할지, 우리가 잊고 지낸 사회복지란 무엇인지 아는 사람은 다 안다.

지금까지 스마트복지관에 대해서 너무 칭찬만 늘어놓은 게 아닌가 싶다. 사업 취지와 여러 가지 장점과 필요성에도 스마트복지관은 2019년 문을 닫았다. 일각에서는 스마트복지관 사업이 끝난 게 아니라 새로운 형태(?)로 이어지는 것이라고 하던데, 손바닥으로 하늘 가리기다. 스마트복지관은 시작할 때부터 3년만 시범으로 해보고 성과를 평가한 다음 계속할지 결정하자는 취지였다. 그러니 시범 사업이 끝난 마당에 사업이 없어진다고 해서 뭐라고 할 사람은 없다. 고맙게도 일부 주민이 스마트복지관이 없어지는 걸 반대했지만, 결론이 난 상태라 별 소용이 없었다.

작금의 상황을 가만히 보면 스마트복지관이 시작할 당시와 똑같은 상황이 반복되는 듯하다. 나는 시범 사업이 진행되는 동안 스마트복지관을 유지하기 위해 사회복지사로서 하지 않아도 될 일을 많이 했다. 국회의원도 아니면서 관련된 법과 조례를 개정하려는 시도를 수십 번 했고, 스마트복지관 사업이 국가정책으로 추진되도록 보건복지부를 찾아가 3시간이 넘게 사업 설명을 했다. 이런 노력에도 스마트복지관은 한 발짝 내딛기는커녕 논란만 남긴 채 끝났다.

사업이 끝난 원인은 법과 규정이 없었기 때문이라고 애써 포장하지만, 진짜 원인은 따로 있다. 바로 집단 이기주의. 스마트복지관이 시작할 때부터 이유 없이 외면하고, 폄훼하고, 외지 사람보다 무관심하던 일련의 상황은 데자뷰 같다. 우리나라 사회복지 바닥이 사회복지사업을 추진하는 집단과 평가하는 집단, 사업 추진을 결정하는 집단이 따로따로인 것 같아 정말 답답하고 안타깝다. 사회복지사는 왜 그리 모래알 같은지, 집단 이기주의 뒤에 감춰진 개인주의가 이제 숨길 수도 없이 팽배하다.

영화 〈데자뷰〉에서 데자뷰를 경험한 칼린 형사(덴젤 워싱턴)는 과거 시점의 사람들에게 가서 폭탄 테러가 일어날 거라고 말하지만, 아무도 믿지 않는다. 사건을 해결할 열쇠를 쥔 클레어(폴라 패튼)를 끈질기게 설득한 끝에 끔찍한 사고는 막을 수 있었다. 마지막 장면에서 클레어는 자신을 설득하기 위해 무모하기까지 했던

칼린 형사의 행동에 궁금하다는 듯 질문한다. "진실을 얘기해도 통하지 않으면 어쩌죠?" 칼린 형사는 멋쩍은 표정으로 대답한다. "그래도 말해야죠. 믿을지도 모르잖아요."

지금까지 스마트복지관이 마주한 데자뷰는 어쩌면 우리나라 사회복지 분야의 단면일 수 있다. 그동안 우리나라 사회복지의 현실과 스마트복지관의 진실을 알리기 위해 욕을 먹어가며 부단히 노력해왔지만, 여기가 한계인가 보다. 한낱 사회복지사 신분으로 제도 개선이나 혁신은 부질없는 짓이다. 그래도 어쩌겠는가. 영화 속 칼린 형사처럼 계속 진실을 말할 수밖에…. 언젠가 사람들이 믿을지도 모르니까 말이다.

사회복지사만 아는
사회복지

4

PART

일상에서 만난
아이히만

1961년 4월 11일, 이스라엘의 예루살렘 법정에서 열린 나치 전범 재판이 전 세계에 생중계된다. 피고는 2차 세계대전 당시 홀로코스트의 핵심 인물로 꼽히는 아돌프 아이히만Adolf Eichmann. 사람들은 아우슈비츠 수용소 부소장을 지낸 아이히만이 극악무도한 악마일 거라고 예상했는데, TV에 모습을 드러낸 그는 너무나 평범한 이웃집 아저씨 같았다. 그는 재판이 진행되는 동안 자신의 무죄를 주장해서 전 세계를 충격에 빠뜨리기도 했다.

"나는 잘못이 없습니다. 단 한 사람도 내 손으로 죽이지 않았으니까요. 죽이라고 명령하지도 않았습니다. 내 권한이 아니었으니까요. 나는 권한이 거의 없는 배달부에 불과했습니다. 크건 작건 상급자의 지시에 아무것도 덧붙이지 않고 성실히 임무를 수행했을 뿐입니다. 내 행동이 신 앞에서는 유죄일지라도 법 앞에서는 아닙니다."

아이히만은 종전 후 15년이나 도피 생활을 하다가 1960년 5월 아르헨티나에서 붙잡혔다. 그리고 살인과 학살, 전쟁범죄 등 15가지 죄목으로 법정에 섰다. 사람들은 그의 재판이 예루살렘 법정에서 진행된다고 했을 때 기울어진 운동장을 예상했다. 그런데 아이히만이 평범한 외모에 능수능란한 말솜씨로 시종일관 무죄를 주장하는 모습을 보고 어쩐지 재판이 쉽게 끝나지 않을 것 같았다. 재판은 8개월 동안 지루하게 이어졌다. 시간이 흐를수록 방청객은 하나둘 자리를 떠났고, 그렇게 아이히만도 점점 사람들의 기억에서 사라졌다.

하지만 아이히만이 사형선고를 받을 때까지 재판을 지켜본 사람이 있다. 아이히만과 동갑내기 철학자 한나 아렌트다. 아렌트는 재판이 끝나고 2년 뒤인 1963년에《예루살렘의 아이히만Eichmann in Jerusalem》을 출간한다. 이 책이 오늘날까지 명저로 평가받는 것은 '악의 평범성에 관한 보고서A Report on the Banality of Evil'라는 부제 때문이 아닐까 싶다.

아렌트는 아이히만을 쭉 지켜보면서 "그는 사적으로 가정에 충실하고 공적으로 맡은 일을 성실하게 수행하는 평범한 시민이었을 것"이라고 말한다. 젊은 시절 아이히만은 이상주의자였다. 평범함에서 벗어나려고 열심히 노력했다. 그래서 자신은 성공과 출세를 위해 좋은 사회의 좋은 시민으로서 맡은 소임을 충실히 수행했을 뿐이라고 말한다. 그는 유대인 수백 명을 가스실에 가두고 무참히 학살한 날 밤에도 퇴근 후 사랑하는 가족의 품에 안겼을 것이다.

아이히만이 일상에서 보여준 평범함과 관료적 성실함은 그를 무조건 나쁜 인간이라고 말하기 어렵게 만들었다. 아렌트는 이런 인간의 평범함에서 나타나는 선악 구분의 어려움을 '악의 평범성'이라고 표현했다. 그녀는 악의 평범성을 통해 아이히만은 과거의 인간이 아니라 그와 비슷한 성격과 사고방식으로 오늘날 평범한 일상을 살아가는 우리의 자화상일 수도 있다고 경고한다.

아렌트는 아이히만이 재판 기간 내내 무죄를 주장한 것과 달리 명백히 유죄라며, "그는 아무 생각이 없었기 때문"이라고 밝혔다. 자기가 절대적인 진리라고 생각하고 성실한 시민으로서 조직의 명령을 따르는 것이 정당한지 부당한지 사고하고 판단할 수 없는 무사유가 악의 근원이라는 것이다. 아이히만은 사유하는 능력이 부족해서 자기 행동의 모순을 파악하지 못했고, 타인의 입장에서 상황을 바라보는 능력도 철저하게 상실했다. 아렌트는 사유 능력의 결핍이 반성 능력의 결핍으로 보편화되고, 이를 통해 누구나 순식간에 엄청난 악행을 저지를 수 있다고 말한다. 평범한 인간의 무사유로 민간인 수백만 명을 학살하는 끔찍한 일이 벌어지고야 말았다.

나 또한 평범한 사회복지사다. 어쩌다 제주에 내려와 비범한 척 나대다가 지금은 사회복지사가 아니지만, 이곳에 오기 전만 해도 누구보다 평범한 인간이었다. 사유하지 않으니 딱히 반성할 일도 없이 평범하게 살아왔다. 하지만 성공과 출세는 아니라도 이 평범한 일상에서 벗어나려고 성실하고 충직하게 살아왔다. 아침에 일어나 씻고, 밥 먹고, 출근해서 맡은 일을 하고, 퇴근하고, 잠자고,

다시 그런 하루를 살고… 1년 내내 반복되는 일상에서 살아 있다는 걸 의식하기조차 힘든데, 하늘을 우러러 삶의 한 점을 사유하기란 꿈도 못 꿀 일이었다. 지난날의 삶이 하루하루 무사유였음을 부인할 수 없다.

왠지 그 옛날 아이히만의 일상이 낯설지 않다. 아이히만은 2차 세계대전 당시 사람이라고는 믿기지 않을 정도로 지금 우리 모습과 닮았다. 오늘날 관료 조직에서 아이히만 같은 일상을 얼마든지 찾아볼 수 있다. 국가가 요구하는 명령과 법을 잘 지키는 것은 충직한 관료에게 당연한 일이다. 이는 한 개인으로서 성공과 출세를 위한 기본자세이자, 국가법의 정당성 때문이기도 하다. 그걸 탓할 사람은 아무도 없다.

내가 속한 사회복지 조직이 언제부터 관료화됐는지 잘 모르지만, 사회복지사가 공무원도 아닌데 관료 조직의 이데올로기에 함몰돼 자율성과 주체성을 잃어버린 지 오래다. 나 역시 그동안 사회복지가 무엇인지, 이 일을 왜 하는지, 이게 맞는지, 사회복지에 대한 철학이나 사유 없이 상급자나 담당 공무원이 시키는 대로(혹은 매뉴얼대로) 꼭두각시처럼 일해왔다. 이 또한 매뉴얼의 정당성 때문이라고 말할 수 있을까? 우리는 조직을 구성하고 작동하는 시스템이 조직의 이익(논리)에 따라 작동하는 조건으로 조직을 위해 충성하고, 도덕적으로 아무 거리낌 없이 살아간다.

사회복지 조직에서 벌어지는 각종 비리와 문제가 SNS에 올라온 것을 볼 때가 있다. 이 일을 시작한 지 얼마 되지 않는 새내기 사회복지사가 불합리한 현실을 토로하는 내용이 많다. 이를 지켜보는 선배 사회복지사의 반응은 시큰둥하다. 마음으로 공감하는지 몰라도 '좋아요'가 별로 없다. 후배가 양심에 따라 용기 내서 한 행동인데, 선배 눈에는 세상 물정 모르고 오버하는 정도로 보일 수도 있다. 그런 문제는 이 바닥에서 평범한 일상이기 때문이다.

그 마음 나도 잘 안다. 드러나지 않아서 그렇지 조직 내 각종 '갑질'과 상급자의 일탈(?) 행위, 보조금 관련 비리, 실적 부풀리기, 문서 조작, 인권 문제 등 사회복지에서 악惡은 언제나 평범한 모습을 하고 있다. 이 모든 문제는 사회복지 조직의 얼굴 없는 관료주의와 악의 평범성을 사회복지사가 묵과하고 간과해서 생긴 무사유의 결과가 아닐까 싶다. 나는 두렵다. 무사유가 팽배한 현실에 오늘도 좋은 시민으로서 성실하고 충직하게 살아가는 사회복지사의 일상이.

자신이 한 행동에 양심의 가책을 느끼지 않았는지 판사가 묻자, 아이히만은 대답했다. "월급을 받으면서 주어진 일을 열심히 하지 않으면 양심의 가책을 느꼈을 것입니다." 너무나 평범해서 아무런 사유가 없는 아이히만의 모습에 오늘을 살아가는 우리 모습이 겹쳐진다. 누가 그에게 돌을 던질 수 있을까? 사유하지 않아서 반성도 없는 내 평범한 일상이 어느 날 엄청난 악행을 저지르는 평범함으로 돌변할 수 있다는 생각에 잠이 오지 않는다. 2차 세계대전 당시 아이히만은 나치 치하에서 유대인 학살 임무를 맡은 인면수심의 전범이지만, 자신이 맡은 임무를 가장 효과적이고 경제적인 방식으로 수행한 엘리트 관료이자, 평범한 아빠이며 자상한 남편, 충실한 직장인이었다.

부재는 그 자체로 실체다. 어둠은 그 자체로 존재하는 게 아니라 빛이 부재한 것이다. 일상이 악으로 가득하다면 우리는 악의 존재를 인식할 수 없다. 일상에서 악의 평범성은 곧 사유의 부재를 의미한다. 사유의 부재로 가득한 악은 실재인 듯 우리의 평범한 일상을 지배한다. 그래서 지금 우리에게 더더욱 필요한 것이 바로 철학이 아닐까 싶다. 철학은 살아 있는 사유의 활동이고 삶의 반성이기 때문이다. 모두 다 아는 그 말, "나는 생각한다. 고로 존재한다". 사유는 인간이 존재하는 이유다.

민관 협력이
뭐기에

나는 사회복지를 공공 부문과 민간 부문으로 구분하는 것을 '극혐'하지만, 글을 쓰다 보니 반복되는 부분이 많아서 미리 말해둔다. 이 글에 나오는 '공공'과 '민간'은 모두 사회복지 분야에 해당하고, 문맥에 따라 공무원과 민간(?) 사회복지사를 의미할 때도 있다. '민관 협력'은 사회복지 분야에, '사회복지'는 민간 위탁 형태의 민관 협력 분야에 한정해 썼다. 사회복지를 공공 부문과 민간 부문으로 구분해 쓸 수밖에 없는 현실이 참담하고, 마땅한 단어가 떠오르지 않아 답답한 심정으로 글을 쓰는 자신이 부끄럽다.

코로나19가 한창 유행하던 2020년 4월 어느 날, 퇴근 시간쯤 서울시청에서 온 공문 때문에 한바탕 소동이 벌어졌다. 서울시가 코로나19에 따른 재난긴급생활비를 지원하는데, 행정복지센터에서 현장 접수할 사람을 지원해달라는 요청이었다. 거기서 끝이 아니라 요청 인원이 '복지관 직원의 절반 이상'에, 이튿날까지 명단을 제출하라며 친절하게 양식까지 첨부한 상태였다.

복지관의 반응은 싸늘했다. 코로나19 때문에 복지관이 문을 닫아 분위기가 어수선한 상황에서 절반이 넘는 직원을 행정복지센터로 파견해달라는 요청은 해도 너무하다는 것이었다. 나는 복지관의 반응에 살짝 놀랐다. 시청 공무원이 업무 시간이 끝나기 직전에 공문을 보내고 다음 날까지 결과를 요구하는 게 어제오늘 일도 아닌데 그렇게 호들갑을 떨 일인가. 사실 좀 걱정이 됐다. 나중에 더 큰 화(?)를 당하면 어쩌려고….

복지관에서 난색을 보이자 서울시는 "공문을 보내기 전에 복지관 관장님들과 협의했고 동의까지 받았다"라고 해명했다. 이번엔 복지관의 직원을 무시하고 내팽개친 관장들에게 화살이 돌아갔다. 난데없는 비난의 화살이 쏟아지자, 복지관협회(복지관 관장 모임)가 서울시에 개선을 요청한다. 예상치 못한 복지관의 반격에 서울시는 부랴부랴 다시 공문을 보내, 지원 인력은 구청과 관할 복지관이 협의해서 정하는 것으로 한발 물러섰다.

공공의 부당한 횡포에 맞서 싸운 민간 복지관(관장 제외)의 하극상은 하루 만에 끝났다. 공문의 글자 몇 개만 바뀌었지, 결과는 달라진 게 없다. 애꿎은 사회복지사만 물가에 끌려가는 소처럼 열흘 동안 행정복지센터로 출근해야 했다. 행정복지센터에 간 사회복지사는 뙤약볕 아래 임시 천막에서 온갖 푸대접과 눈칫밥을 먹어가며 공무원의 일을 대신했다는 슬픈 이야기가 전해진다.

요즘 사회복지 현장에서 공무원이나 사회복지사가 입버릇처럼 하는 말이 "사회복지는 민관 협력이 중요하다"이다. 그러고 보니 나도 복지관에 다닐 때 보고서에 민관 협력이 빠지면 왠지 뒤끝이 찜찜하고, 일을 제대로 한 것 같지 않았다. 민관 협력이란 말을 습관처럼 쓰면서도 이에 대해 제대로 생각해본 적이 없다. 우리나라 사회복지가 민간과 공공 부문으로 나뉘고, 둘이 업무 협약을 맺고 정해진 기간에 공공에서 지시한 일을 민간이 하면 곧 민관 협력이 아닌가 하는 정도지 깊게 생각해보지 않았다.

그런데 민관 협력은 보고서를 쓸 때 복잡하게 생각한 것과 달리 의외로 단순했다. 민관 협력은 공공 기관이 공적인 업무를 민간과 공동으로 수행하는 방식이다. 여기서 공적인 업무는 국민의 생존과 관련해 국가나 지자체가 수행할 책임이 있는 업무다. 도로나 철도, 전기(발전소) 등 국가 기간 시설의 건설이나 유지를 위해 민간 자본을 유치하는 민간투자 사업private finance initiative, PFI과 공기업의 민영화 등이 대표적이다. 사회복지시설 운영 같은 행정 업무를 민간에 위탁하고, 행정조직 구성에 민간이 참여하는 것(개방직 공무원)도 민관 협력의 한 형태라고 본다.

민관 협력의 본래 의미를 알고 보니 대부분 민간 위탁 형태로 운영되는 우리나라 사회복지는 민관 협력 그 자체다. 사회복지에 무슨 민관 협력이 더 필요한지 의문이 들기도 한다. 우리나라 사회복지는 50년이 넘도록 민간이 공공의 역할을 대신하고 있다. 이 정도면 고마워할 법도 한데, 어찌 된 영문인지 잡음이 끊이지 않는다.

왜 그럴까? 서울시의 사례만 봐도 유례없는 코로나19 재난 상황에서 공공과 민간 복지관이 힘을 합쳐 어려움을 극복하는 모습을 기대했는데, 결과는 그렇지 못했다. 도움을 요청하는 시청은 어째 좀 강압적이고, 협력 당사자인 복지관은 억지로 하는 모양새다. 현실에서 민관 협력은 어딘가 어색하고 부자연스러운 느낌을 지울 수 없다.

현실적으로 사회복지 바닥에서 공공과 민간은 협력하는 관계라기보다 갑을의 상하 관계다. 위탁계약서에도 갑은 공공이고, 을은 민간이다. 민간 위탁은 민관 협력 방법의 하나고 공공과 민간이 협력 관계라면 당연히 수평적이고 대등한 관계라야 할 텐데, 계약서를 쓸 때부터 서열이 정해진 셈이다. 민관 협력의 시작이 이런 식이니 둘 사이가 좋을 리 없고, 제대로 협력할 리 없다.

민간은 사회복지시설을 운영하는 데 필요한 법적·행정적 승인(재위탁) 권한뿐만 아니라 가장 중요한 재정 지원을 일방적으로 공공에 의존하니 공무원의 눈치를 볼 수밖에 없다. 이런 관계에서 공공은 마땅히 해야 할 일을 민간의 도움을 받아 수행하는데도 고마워하기는커녕 권위적인 태도에 관리와 규제가 도를 넘는 경우가 많다. 공무원은 규정에 따라 관리·감독의 소임을 다할 뿐이라고 하소연할 수 있겠지만, 민관 협력의 의미를 제대로 이해한다면 조력자인 민간에게 예의를 갖추는 것이 순서가 아닐까 싶다.

협력이나 연대는 당사자 모두에게 이익이 있을 때 가능하다. 한쪽의 일방적인 이익을 위해 다른 한쪽이 희생하는 것을 두고 협력이라 말하는 바보는 세상에 없다. 공공은 민간의 지식과 노하우를 활용함으로써 비용을 절감해 효율성을 높이고, 질 높은 서비스를 제공해 공익적 목적을 달성하는 게 본래 의도일 것이다. 민간은 공공 분야로 활동의 폭을 넓히고, 사회적 책임을 다하면서 새로운 이익을 창출하는 기회를 얻는 게 본래 의도일 것이다.

이는 사회복지라고 달라질 게 없다. 사회복지 민관 협력도 공공의 이익과 민간의 이익이 있다. 민관 협력이 잘 이뤄지려면 각자 추구하는 이익을 존중하고 대등한 입장에서 동반자로 인정하는 게 중요하다.

요즘 우리가 자주 쓰는 말 중에서 거버넌스governance(협치協治)가 있다. 사람들은 이 말이 민관 협력의 유식한 표현인 줄 아는데, 사실 민간으로서는 좀 부끄러운 일이다. 거버넌스는 정부가 국가를 원활하게 통치하기 위해 지어낸 말이기 때문이다. 거버넌스 혹은 협치는 정부government의 통치 양식과 상명하복의 관료적인 냄새가 물씬 풍긴다. 거버넌스가 공공이 민간(조직)을 관리·감독하기 위한 말이라는 것도 자존심 상할 일인데, 민간이 거리낌 없이 되받아 쓰고 있다. (민간) 사회복지에서 자나 깨나 거버넌스를 강조하는 건 정치적 도구로 전락한 사회복지를 자인하는 꼴이니, 얼마나 우스워 보이겠는가. 어쩌면 거버넌스의 마법에 걸린 민간은 공공보다 관료화됐는지도 모른다.

나도 거버넌스가 민관 협력을 유식하게 표현한 말인 줄 알았다. 그런데 진짜 유식한 사람들은 민관 협력을 PPPpublic-private partnership라고 했다. 나는 거버넌스보다 이 말이 훨씬 마음에 든다. 국어사전에도 나오지 않는 거버넌스나 협치를 무식하게 민관 협력이라고 떠들고 다닌 게 너무나 부끄럽다. 민관 협력을 거버넌스 관점으로 보니까 공공은 협력 대상인 민간을 대행자agent로, 민간은 공무원을 지배자로 여기는 것이다. 우리가 진정으로 바라는 민관 협력은 상대를 믿음직한 파트너로 인정하는 것부터 시작해야 하지 않을까. 사람 냄새가 풍기는 협력 관계라면 말이다.

사족

누가 내게 직업이 뭐냐고 물으면 당연히 사회복지사라고 대답한다. 그런데 내가 당장 공무원이 된다면 사회복지사라고 대답하지 않을 것이다. 내가 사회복지사인 것은 민간에서 일하기 때문이다. 누군가는 사회복지사가 어쩌다 단체장이나 시·도의원 등 공무원이 되면 구세주라도 만난 듯 기뻐하던데, 사회복지사가 공무원이나 정치인이 된 게 그토록 기뻐할 일인가 싶다.

어쨌든 우리나라에는 민간 사회복지사는 있어도 공공 사회복지사는 없다는 게 재밌다. 사회복지사면 사회복지사지 민간과 공공이 따로 있을까 싶지만, 현실은 그렇다. 사회복지사는 민간에서 근무할 때나 사회복지사지, 공무원이 된 사회복지사는 더는 사회복지사라고 부르지 않는다. 혹자는 공무원이 돼도 사회복지사 자격이 있으니 당연히 사회복지사가 아니냐고 하겠지만, 정치인을 포함해 공무원이 된 그분들을 붙잡고 "당신은 뭐 하는 사람이오?"라고 물어보면 금방 답이 나올 것이다.

그분들이 자신을 사회복지사라고 생각했다면 민관 협력은 지금보다 훨씬 아름다웠을 것이다. 사람이 입신양명하겠다는데 누가 뭐라 하겠나. 사회복지가 민간이냐 공공이냐에 따라 사회복지사의 신분이 오락가락하고, 공무원이 된 사회복지사가 사회복지사에게 갑질을 하는 현실이 개탄스러울 뿐이다.

　사회복지가 어쩌다 민간 영역과 공공 영역으로 나뉜 줄 아는 가? 바로 민관 협력, 좀 더 정확히 말하면 거버넌스 때문이다. 정부 가 사회복지를 혼자 감당하기 힘들어 공적 업무를 민간에 위탁했 는데, 그것이 기적처럼 민간의 일이 돼버린 것이다. 민관 협력이라 는 개념이 없었다면 사회복지는 지금까지 공공 정책으로 남았을 것이다. 사회복지는 언제쯤 하나가 될 수 있을까.

존재하지 않는 상상,
복지 사이언스

　　나는 대학에서 통계학을 전공했다. 부모님이 땡볕에 농사지어 보내주신 등록금이 아까워, 하나라도 더 배워보겠다고 사회복지학을 복수 전공했다. 교수님이 복수 전공 신청서를 보고 "사회복지? 돈도 안 되는 걸 뭐 하려고? 다른 동기들처럼 경영학과에 가라"며 극구 말리신 기억이 난다. 나 혼자 다른 길을 가나 싶어 썩 내키지 않았지만, 복수 전공 신청서를 그대로 제출했다.

　　남학생이 득실대는 공대에 있다가 인문대에 가니 어여쁜 여학생도 많고, 분위기가 완전히 달랐다. 공대 실습실에서 종일 미적분만 하던 내게 사회복지학과는 마음의 안식처였다. 얼마 뒤 사회복지학과에서 만난 친구한테 들으니, 내가 처음 강의를 들으러 왔을 때 학과가 술렁였다고 했다. 사회복지학과 학생에게 통계(조사 방법론)는 어렵고 까다로운 과목인데, 통계학을 전공하는 학생과 수업을 듣는다는 게 불만이었나 보다. 사회복지학과 교수님이 나를 따로 불러 위아래로 훑어보더니 숨은 의도(?)가 뭔지 물어보셨을 정도다.

내가 더 놀란 사실은 따로 있다. 사회복지학과에서 통계가 전공 필수과목이라는 것이다. 사회복지에 통계가 필요할까? 나는 그렇게 영문도 모른 채 대학을 졸업하고 20년 가까이 사회복지사로 살았다. 어쩌다 사회복지사가 된 셈이다. '통계학을 전공한 사회복지사'라는 이력 덕분에 통계 책을 내기도 했고, 그 인연으로 운이 좋게 제주에 와서 통계 과목을 강의하기도 했다.

개강 날, 설레는 마음으로 강의실 문을 열면 처음 마주한 학생들은 긴장한 표정이 역력하다. 짐작건대 '문과라서 죄송한' 사람들이니 통계는 곧 수학일 거라는 생각에 걱정이 앞섰나 보다. 아니면 사회복지사가 군이 통계까지 배워야 하는지 회의감이 들었는지도 모른다. 20년 전이나 지금이나 사회복지학을 공부하는 학생에게 통계가 필수과목이지만, 어렵고 피하고 싶은 마음도 여전한 모양이다.

분위기를 바꿔볼 겸 "사회복지는 과학인가?"라며 짓궂은 질문을 던진다. 수업과 상관없을 것 같은 다소 엉뚱한 질문에 학생들은 잠깐 망설이다가 "네! 사회복지는 과학이라고 생각합니다"라고 자신 있게 대답한다. 내가 다시 "왜 사회복지는 과학이지?"라고 물으면 학생들은 우물쭈물하기 일쑤다. 학생들 얼굴이 더 어두워졌다. 나는 분위기를 살리는 데 소질이 없나 보다.

나는 사회복지에서 통계의 필요성을 알려주고 싶은 마음에 '사회복지는 과학!'이라고 답을 정해놨는데, 분위기를 바꾸기는커녕 자충수에 빠졌다. 부끄럽지만 나도 사회복지가 왜 과학인지 깊이 고민해본 적이 별로 없었기 때문이다. 사회복지는 사회과학의 한 분야니까 당연히 과학이겠거니 했지, 거기에 큰 의미를 두지 않았다. 이제는 체면을 살리기 위해서라도 그 질문에 대답할 차례다. 과학은 설명할 수 없으면 모르는 것이나 마찬가지 아닌가.

사회복지가 과학인지 알아보기에 전에 과학이 무엇인지 따져 봐야겠다. '과학'을 뜻하는 영어 단어 사이언스science는 '지식'을 가리키는 중세 라틴어 스키엔티아scientia에서 유래했다. 지식은 누구나 배우거나 경험을 통해 얻을 수 있는 보편적이고 일반적인 것이다. 과거에는 계급과 신분, 성별에 따라 달랐다. 안타깝게도 지식 불평등의 역사는 현대까지 이어진다. 계급과 신분의 차이는 없어졌지만, 오늘날 과학은 '과학자'만 갖추는 특별한 지식이 됐다. 과학이 너무 어렵기 때문이다. 과학이라고 하면 보통 자연과학을 의미하는데, 그 과정이 너무 수학적이고 복잡하고 어렵다. 로켓을 쏴서 달나라로 보내는 건 공부를 열심히 한 과학자만 할 수 있는 일이다.

물론 과학에는 사회과학도 있다. 과학의 대상이 될 수 있는 모든 자연현상에는 사회현상도 포함된다. 사회과학이 사회현상을 탐구하는 학문 분야라지만, 자연과학과는 완전히 결이 다르다. 과학의 목적은 현상을 설명하기 위한 이론을 제시하고, 현상을 구체화해 변수의 관계를 통제함으로써 미래를 예측하거나 일반화하는 것이다. 자연현상은 규칙적이고 반복적이기 때문에 일반화하기 쉽지만, 사회현상은 그렇지 않다. 사회과학은 연구자의 관점(세계관)에 따라 사회현상을 밝힐 수밖에 없는데, 그것은 주관적이고 독창적이다. 사회현상은 가변적이고 통제하기 어려워서 명확한 결론을 내기도 불가능에 가깝다.

사회과학은 일반적인 의미에서 '과학'이라고 단정하기 어려울 것 같다. 사회과학이란 용어가 등장한 지 고작 100년 남짓 됐다. 사회학이나 인문과학 등으로 불리다가 1904년 독일의 사회학자 막스 베버Max Weber가 인간 공동체에 관한 과학을 사회과학이라 칭하면서 널리 사용되기에 이르렀다. 사회학이 갑자기 사회과학으로 불린 것은 사회현상을 연구하는 데 과학적 방법을 적용한 것이 크게 작용했기 때문이다. 과학적 방법은 연구 절차가 체계적이고, 경험적으로 검증 가능해야 하며, 다른 사람들이 연구해도 같은 결과를 얻을 수 있도록 객관적이어야 한다. 따라서 사회과학 연구자는 인간과 환경의 다양하고 복잡한 문제를 해결하기 위해 좀 더 실증적이고 객관적인 지식을 얻는 데 과학적 방법을 사용하게 된 것이다.

사회복지에서도 과학적 방법을 도입할지가 중요한 문제였다. 사회복지는 원래 사회적 약자인 클라이언트를 돕고 보호하는 데 필요한 이념과 가치를 확보하는 것이 중요한 과제다 보니, 다른 전문 분야에 비해 배타적인 윤리 의식과 이념 등에 집착해왔다. 이런 경향 때문에 몰가치적이고 객관성을 강조하는 과학적 지식을 받아들이기 어려웠다.

하지만 사회가 발전하면서 사회복지사가 전문직으로서 위상이 높아짐에 따라 사회복지사의 활동에 책임성이 강조되기 시작했다. 전문직으로서 사회적 책임성을 구현하려면 객관적이고 과학적인 방법으로 서비스를 실행하고 검증해야 했다. 서비스 과정과 결과에 대한 연결을 사회복지사의 가치판단이나 상식 차원에 맡길 수 없었기에, 경험적으로 규명할 수 있는 과학적 방법이 필요했다. 이렇게 과학적 방법으로서 조사와 통계는 사회복지의 이념과 동기를 경험적으로 연결해 사회복지사가 전문직의 책임성을 높이는 데 중요한 역할을 해왔다.

그래서 사회복지는 과학인가? 이제 이 질문의 흩어진 조각이 조금씩 맞춰지는 느낌이다. 사회복지사가 왜 통계를 배워야 하는지 학생들에게 할 말도 생겼다. 맞다. 사회복지는 과학이다. 그 옛날 아리스토텔레스Aristoteles의 삼단논법으로 이 명제를 증명해보자. "사회복지는 사회과학에 속한다. 사회과학은 과학의 한 분야다. 그러므로 사회복지는 과학이다." 유레카! 이 얼마나 논리적이고 체계적이며 과학적인 증명인가! 그런데 기쁘지 않다. 사회복지가 과학이라는 걸 증명했는데 뭔가 앙금이 남은 듯 뒤끝이 개운하지 않다. 왜일까?

나는 사회복지가 과학인지 아닌지 별로 관심이 없다. 내가 궁금한 건 '사회복지가 굳이 과학일 필요가 있을까?'라는 의문이다. 학문으로서 사회복지가 일반적 지식을 확대하기 위해 과학적 방법이 불가피한 선택이라는 것쯤은 나도 안다. 하지만 사회복지는 사회과학에서도 이론을 현실에 적용하는 응용사회학applied sociology에 속한다.

사회복지사가 현장에서 활동하는 데 필요한 세세한 지식은 예상해서 개발하거나 유형화하기 어렵다. 사회복지가 인간과 환경을 대하는 휴먼 서비스라는 특성 때문에 클라이언트의 개별적인 사례에 적합한 실천 지식은 그때그때 현장에서 직접 구성해야 할 필요가 크다. 즉 사회복지의 전문성은 과학적 방법으로 객관적인 지식 체계도 갖춰야 하지만, 사회복지사 개개인의 이타적인 동기와 인간의 존엄성에 대한 객관적인 가치판단(칸트의 '정언명령'쯤으로 해두자)이 무엇보다 중요하다. 여기에 과학적 이론 지식이 더해지면 금상첨화다.

지금까지 사회복지는 과학이 되려고 부단히 노력했다. 과학(적 방법)만이 사회복지사의 전문성을 담보한다고 굳게 믿었기 때문이다. 석사 출신이 교사 다음으로 많은 직업이 사회복지사라고 한다. 얼핏 보기에 고학력 사회복지사가 전문성이 높은 것 같지만, 현실은 그렇지 않다는 게 문제다. 사회복지사는 학부 과정에서 교양과목을 듣지 않고도 어디서건 필수과목만 들으면 자격증을 딸 수 있다. 조직에서 높은 자리를 차지하는 분도 꽤 많다. 이런 고학력자가 과학적 방법을 맹신하고 사회복지 전문성의 척도로 삼는다는 게 문제다. 과학이 무엇인지, 사회복지가 무엇인지, 사회복지에 왜 과학적 방법이 필요한지 제대로 고민해보지 않고 어설프게 받은 학위로 사회과학자 행세를 한다.

과학은 몰가치적이고 객관적이다. 반면 사회복지는 가치 중심적이고 주관적이다. 사회복지가 과학이 된다고 해서 얻는 것이 무엇일지, 잃는 것은 무엇일지 심각하게 고민해야 할 때다.

살아남은자의
슬픔

'사회복지시설 운영 평가 결과 평균 87.6점.' 2019년 3월 보건복지부는 노인복지관, 사회복지관 등 사회복지시설 803개의 3년간(2015~2017년) 운영 실적을 평가한 결과를 발표했다. 무엇보다 기사 제목에 있는 '평균 87.6점'이 눈에 띈다. 부제목도 가관이다. '공공 기관 위탁 시설 90.7점, 민간 위탁 시설 90.6점, 지방자치단체 직영 시설 48.5점.'

보건복지부 장관은 우리나라 사회복지시설의 점수가 100점 만점에 평균 90점 가까이 나왔다고 자랑하고 싶었는지 모르겠다. 그런데 나는 초등학교를 졸업한 뒤 평균 몇 점이란 말을 들은 기억이 가물가물해서 어쩐지 조금 낯설다. 여기서 끝이 아니다. 평가 결과 시설을 등급별로 나눠 90점 이상이면 A등급, 80~90점 미만이면 B등급, 70~80점 미만이면 C등급, 60~70점 미만이면 D등급, 60점 미만이면 F등급이라고 한다. F등급을 받으면 말 그대로 낙제다. 대학생 때 A~D로 학점을 받던 것과 고기 품질을 구분하는 것이 묘하게 겹치는 느낌이다.

과연 사회복지사는 자신이 근무하는 복지관이 평균 90점에 A 등급이라는 결과를 받고 얼마나 기뻐할 수 있을지 의문이다. 관장은 시청 공무원에게 면이 좀 서겠지만, 평가를 준비해온 사회복지사는 달갑지 않을 것 같다. 이유야 어찌 됐건 평균 90점이면 우리나라 사회복지시설이 그만큼 수준 높다는 얘긴데, 나는 왠지 자괴감이 든다.

우리나라 사회복지시설 평가가 도입된 지도 벌써 20년이 지났다. 3년마다 사회복지시설을 평가하는 이유는 운영의 합법성과 투명성, 효율성을 높이고, 이용자의 인권을 보호하기 위해서라고 한다. 바꿔 말하면 아직 우리나라 사회복지시설에 불법성과 불투명성, 비효율적 운영이 횡행하고 있다는 방증이다.

정작 평가받아야 할 사회복지사는 평가 방법이 잘못됐다거나 시설 평가를 왜 하는지 모르겠다는 등 끊임없이 문제를 제기하지만, 이런 불만을 아는지 모르는지 평가는 계속된다. 사회복지시설 평가가 시설의 물리적 환경이나 조직 운영, 인력 관리 같은 법 규정을 준수하는지, 보조금을 지원하는 조건을 충분히 이행하는지에 중점을 두다 보니, 사회복지사는 시키는 대로 잘하는지 공공에서 민간을 관리·감독하기 위한 평가로 느껴진다. 목적이 불분명하고 평가의 당위성도 부족한 상황에서 억지로 평가를 준비해야 하는 사회복지사는 답답할 수밖에 없다. "사회복지사는 홀수 해 (1·3·5·7년)가 고비"라는 말이 있는데, 사회복지사가 고비에 처하는 주기와 시설 평가 전후로 이직이 잦은 것이 단지 우연의 일치일까 싶다.

　나도 사회복지시설 평가 때문에 전전긍긍한 시절이 있었다. 잊을 만하면 찾아오는 시설 평가는 사회복지사에게 일종의 시험과 같다. 평가 방식이나 결과도 학창 시절 시험과 별다르지 않다. 평가 1년 전쯤에 평가 지표라는 시험지를 사회복지시설에 공개한다. 사회복지시설은 답안을 적어 평가 기관에 제출하면 된다. 요즘은 세상이 좋아져서 온라인으로 처리한다.

　일종의 오픈 북 시험이다. 잘 알겠지만 오픈 북 시험이 제일 어렵다. 정답이 없기 때문이다. 정답이 없는 시험에는 답안을 최대한 많이 적는 게 상책이다. 시설 평가도 마찬가지다. 어떻게든 평가 기준에 맞추려고 답안을 채우기 바쁘다. 시간만 충분하면 못 적을 문제가 없다. 틀릴 수 없는 답안을 꽉꽉 채워 제출하면 영역별 배점에 따라 점수가 매겨지고, 몇 달 뒤 성적표가 나온다.

　사회복지시설 평가 결과는 A등급을 못 받는 게 이상할 정도로 매우 높은 편이다. 70% 이상이 A등급을 받고, 사회복지시설 중에서 엘리트(?)라 불리는 사회복지관은 85% 이상이 A등급을 받는다. 대다수 사회복지시설이 A등급을 받는다고 모두가 1등일 순 없다. A등급 가운데 상위 1%에 해당하는 시설에는 인센티브도 준다. 그걸로 사회복지사는 여행도 가고, 단체복을 사 입기도 한다. 지난 3년간 노력한 결과라기보다 몇 달 동안 평가 준비에 고생한 보상이라 생각한다. 간혹 낙제점(F등급)을 받은 시설은 대부분 공공이 직접 운영하는 곳이라, 별일이 생기진 않고 잘 지낸다는 소문만 들린다.

평가의 순기능을 부정하는 건 아니지만, 평가 지표의 타당성을 담보할 수 없는 상황에서 사회복지시설에 점수를 매겨 서열화하고 정부가 그 결과를 공개해 얻는 게 과연 무엇인지 궁금하다. 평가의 궁극적인 목적은 주민이어야 할 텐데, A등급을 받은 사회복지시설을 이용하는 주민은 그나마 행운이지만 나머지 시설을 이용하는 주민은 무슨 잘못인가 싶다. 행복은 성적순이 아니라는 말이 사회복지에 적용될 줄은 꿈에도 몰랐다.

잠시 눈을 감고 평가를 준비하던 날을 기억해본다. 시설 평가 일정은 1년 전쯤 발표되는데, 그때부터 사회복지사는 본격적인 준비 체제에 돌입한다. 시설 평가는 5~6월에 답안지를 작성하는 자체 평가를 시작으로 7월쯤 '사회복지 전문가'라고 하는 교수, 공무원, 다른 기관 사람들이 진행하는 현장 평가를 거쳐, 9월쯤 무작위로 시설을 정해 적어 낸 답안이 사실인지 확인 평가를 한다.

그야말로 끝날 때까지 끝난 게 아니다. 시설 평가가 있는 해는 1년 내내 준비하고 평가받느라 정신이 없다. 사회복지사는 안 그래도 바쁘다는 말을 인사치레로 하는데, 몇 달 동안 이어지는 빡빡한 평가 일정으로 더 바쁘다. 이맘때 사회복지사의 SNS 상태 메시지에 적힌 '이 또한 지나가리라'라는 말이 남 일 같지 않다.

사회복지시설을 평가하는 기간이 3년이나 되다 보니, 검토할 서류가 한둘이 아니고 양도 엄청나다. 평가 지표에 따라 이것저것 살피다 보면 예전에 분명히 작성해서 결재까지 받은 보고서 같은데 지금은 없는 유령(?) 서류가 있게 마련이다. 보고서는 있는데 영수증이 없거나 사진을 안 찍어서 하지 않은 것이나 마찬가지가 된 황당한 일도 허다하다. 그제야 잘못을 자책하거나 떠나버린 옛 동료가 무책임하다고 탓해봤자 때는 늦었다.

남은 건 예정된 야근뿐이다. 사회복지시설 평가의 역사도 밤에 이뤄진다. 엎지른 물은 주워 담을 수 없지만, 새 물로 다시 채울 수 있다. 처음부터 없었거나 원래 있었는데 지금은 없는 서류의 빈자리를 조금씩 채운다. 기관마다 평가를 준비하는 기술이 다양하겠지만, 사회복지사의 영업 비밀이라 넘어간다. 그렇게 두어 달 밤샘 작업으로 평가 준비를 거의 완벽하게 끝낸다. 사람의 힘으로 할 수 있는 건 다했다. 채우지 못한 건 현장 평가 때 제발 모르고 넘어가길 바랄 수밖에 없다. '다음 평가 때는 평소에 잘하자!'라고 매번 다짐하지만, 이번에도 그 말이 무색해지고 말았다.

서류 준비가 끝났으니 복지관을 꾸미는 일만 남았다. 구석구석 쓸고 닦고, 페인트가 벗겨진 곳은 다시 칠한다. 미뤄온 창고 정리에 책상 정리까지 한꺼번에 마친다. 복지관 외관도 꼼꼼히 살핀다. 보도블록 사이에 난 잡초를 뽑고 화단의 잔디도 깎는다. 부서지거나 더러운 곳이 있으면 현장 평가 전에 마무리해야 한다.

현장 평가 장소도 준비해야 한다. 평가 위원이 평가 서류를 잘 찾아볼 수 있도록 지표별로 정리한다. 편철한 서류 뭉치에 포스트 잇으로 표식을 달아두는 것도 잊지 않는다. 평가 위원이 돌발 질문을 하거나, 미처 준비하지 못한 서류가 발견된 경우에 대비해 리허설도 몇 번이나 한다. 현장 평가는 복지관 이용자와 직원 인터뷰도 하기에 평소 친하게 지내던 이용자를 미리 섭외하고, 직원에게도 언질을 준다.

드디어 현장 평가의 날이 밝았다. 출근길에 복지관 입구부터 한 번 더 살핀다. 이제 평가가 진행되는 동안 평가 위원의 커피가 식지 않았는지 확인하는 일만 남았다. 다행히 평소에 잘 알고 지내던 사람들이 평가를 나왔다. 잘 봐달라고 빈말을 한다. 몇 시간 뒤 3년의 평가가 허무하게 끝났다. 큰일을 해냈다는 성취감보다 상처뿐인 영광만 남은 듯하다. 꺼내놓은 서류를 서고에 정리하고 사회복지사 본연의 일상으로 돌아온다.

몇 달 뒤 기다리던 평가 결과가 나왔다. 결과는 예상대로 '최우수(A등급)'인데 별로 기쁘지 않다. B등급이 아니라서 다행이라는 생각이 들 뿐이다. 늘 그랬듯 큼지막하게 '사회복지시설 평가 2회 연속 최우수(A등급) 기관 선정!'이라고 써서 복지관 가장 높은 곳에 현수막을 걸었다. 나 자신이 한없이 부끄러웠다.

보편적 복지의
불편한 진실

　우리나라에서 보편적 복지가 화두가 된 것은 2011년 서울시의 초등학생 '무상 급식' 찬반 논쟁이 발단이었다. 당시 오세훈 서울시장과 한나라당은 저소득층 30%에게 선별적으로 무상 급식을 제공하자고 주장했지만, 민주당은 부모의 소득수준과 관계없이 초등학생부터 중학생까지 전면 무상 급식을 제공하자고 맞섰다. 찬반 논란이 거세지자, 오 시장은 결국 무상 급식을 주민 투표에 부쳐 패배하거나 무산되면 시장직에서 물러나겠다고 배수진을 쳤다. 그해 8월 24일 치른 무상 급식 주민 투표는 최종 투표율 25.7%를 기록하며, 개표가 가능한 33.3%에 미치지 못해 서울시장이 사퇴하는 것으로 씁쓸하게 끝났다.

　서울시의 무상 급식 논란은 결말이 깔끔하지 않았지만, 그 일로 보편적 복지에 대한 패러다임은 해마다 사회복지의 중요한 화두가 되고 있다. 보편적 복지는 정책이라기보다 이데올로기적 성격이 강하다. 보수 성향 정치인은 보편적 복지 정책을 '포퓰리즘 정책'이니, '좌파 정책'이니 하며 초지일관 선별적 복지를 주장한다. 반대로 진보 성향 정치인은 "선별적 복지 정책으로 아이들이 눈칫밥을 먹게 해선 안 된다"며 보편적 복지를 찬성한다. 무상 급식 논쟁의 목적이 복지가 아니라 정치에 있으니, 둘의 접점을 찾기란 쉽지 않아 보인다.

좀처럼 좁아질 것 같지 않던 보수와 진보의 이념 논쟁에 화합의 계절이 찾아오기도 한다. 바로 선거철이다. 선거철이 되면 보편적 복지를 반대하며 포퓰리즘 정책이라고 비난하던 후보도 마음에 없는 공약을 마구 쏟아낸다. 선거에서 이길 수 있다면 소신을 잠시 접어두고 하나 되는 모습은 이맘때 보는 진풍경이다. 그래서일까, 정치적 소신을 꺾은 그분들의 용기 덕분(?)에 우리나라 모든 초등학생은 무상 급식을 받게 됐다. 무상 급식 논란이 시작된 지 10년 만이다.

개인적으로 참 다행스러운 일이라고 생각하지만, 정책을 합의하는 타이밍이 아쉽다. 선거철이면 논란이 될 만한 이슈를 꺼내사람들의 관심을 유발하고, 선거가 끝나면 다시 고이 접어두기 때문이다. 정치인은 보편적 복지라는 탈을 쓰고 속내를 감춘다는 생각을 지우기 어렵다. 한편으로 선거철이면 어김없이 등장하는 보편적 복지 논쟁을 유권자인 우리는 과연 얼마나 이해하고 받아들이고 있을지 사회복지사로서 걱정이 앞선다.

그렇다, 나는 사회복지사다. 보편적 복지를 당연하게 생각하는요즘, 사회복지사가 보편적 복지를 불편해하는 글을 보고 사람들이 손가락질할지도 모른다. 내가 사회복지의 보편적 가치를 모를

리 없고, 보편적 복지를 반대하는 것도 아니다. 나는 보편적 복지니, 선별적 복지니 하며 사회복지를 무 자르듯 구분하는 게 달갑지 않다. 나는 복지가 인간이 궁극적으로 추구하는 삶의 목적이고, 기본적으로 누려야 할 권리라고 믿는다. 사회복지는 국가가 국민의 복지를 위해 정책을 추진하는 의무다. 그런데 정책을 입안하고 추진해야 할 정치인이 선거철이면 보편적 복지니, 선별적 복지니 하며 국민이 둘 중 하나를 선택함으로써 사회복지에 편견을 갖게 하는 상황이 걱정스럽다.

정치를 세력 다툼 관점으로 보면 무상 급식은 편 가르기 딱 좋은 논쟁거리다. 우선 찬성하는 사람과 반대하는 사람이 극명하게 나뉜다. 부자와 가난한 자, 주는 자와 받는 자, 돈을 내는 자와 내지 않는 자…. 보수와 진보라는 정치적 이념까지 더해지면 중간 지대가 없고 완벽하게 진영을 갖춘 대립 관계가 성립된다. 쟁점은 삼성 가家 손자에게도 무상 급식을 제공할 필요가 있냐는 것이다.

무상 급식을 반대하는 사람은 부잣집 아이까지 공짜로 먹일 필요는 없고, 기준을 정해서 가난한 아이에게 더 많은 혜택을 주는 것이 효율적이라고 주장한다. 무상 급식을 찬성하는 사람은 가난한 아이를 선별하는 기준이 모호할뿐더러, 선별된 아이는 가난한 집 아이라는 낙인이 찍혀 학생들 사이에 위화감만 조성된다고 주장한다. 부자든 가난한 사람이든 공원이나 공공 도서관처럼 학교 급식과 교육도 공짜로 누릴 수 있어야 한다고 말한다. 그러면 반대하는 사람은 힘들게 번 돈을 흥청망청 쓰다가 금방이라도 국가가 망할 거라고 한다.

정치적인 논란이 어찌 됐건 민주주의국가인 우리나라는 부자보다 가난한 사람이 훨씬 많아서, 무상 급식만큼은 모든 아이에게 보편적으로 제공된다. 이는 결과적으로 보편적 복지가 반드시 옳다거나 선별적 복지가 나쁘다는 게 아니다. 한 명이라도 많은 쪽의 주장을 억지로 따를 뿐이다.

무상 급식 논란은 사회복지를 정치적으로 이용하려는 수작에 불과하다. 정치인은 무상 급식 이슈 하나로 사회복지를 보편적 복지와 선별적 복지로 구분해 찬반 세력을 갈라놓고, 거기에 편승해 거의 10년을 우려먹었다. 그리고 더 빼먹을 게 없다 싶을 때쯤 양측이 극적으로 타협한 것처럼 꾸며 은근슬쩍 넘어간다.

무상 급식 논쟁은 처음부터 결론이 난 것이나 마찬가지였다. 그걸 어떻게든 정치적인 이슈로 만들어 한 명이라도 더 자기편으로 끌어들이고, 정치생명을 연장할 방법만 고민한다. 정치인의 관점에서 서민의 관심거리인 무상 급식이 아주 좋은 먹잇감인 셈이다. 이제는 새로운 먹잇감을 찾아 나섰다. 정치인의 새로운 먹잇감도 무상 급식과 마찬가지로 많은 사람이 공감하고 편 가르기 좋은 것이면 된다.

이런 이슈는 사회복지 분야에 항상 존재한다. 얼마 전만 해도 노인과 청년의 사회복지로 세대 갈등을 조장하더니, 요즘은 성별 갈등이 슬그머니 정치인의 밥상에 오르내린다. 이런 이슈는 반찬일 뿐이고, 차려놓은 밥상은 항상 사회복지의 모습이다. 사람들이 이 이슈를 가지고 갑론을박하는 사이, 정치인은 차려진 밥상을 맛있게 먹는다. 이번 논란도 10~20년은 갈 것 같다. 결론은 정해졌다. 노인과 청년, 모든 세대를 아우르는 보편적 복지, 남자와 여자를 따지지 않고 공평하고 평등한 보편적 복지로 끝날 것이다. 이렇게 단순한 문제를 너무 쉽게 끝내면 정치인은 또 힘들여 먹잇감을 찾아야 하니, 사람들끼리 싸우다 지칠 때까지 느긋하게 기다린다. 이것이 정치인이 바라는 그림이다.

문제는 맹수와 같은 정치인뿐만 아니다. 정치인은 편 가르기 좋은 미끼를 던지고, 그 안에서 옥신각신하는 건 우리다. 정치인이 짜놓은 프레임에 갇혀 조금이라도 마음이 끌리는 쪽에 선다. 나는 정치인의 말 따위에 꿈쩍하지 않는 사람이라고 우쭐해도 어느새 중도라는 새로운 편에 포함된다. 이렇게 우리가 정치인의 입담에 휩쓸리는 사이, 사회복지라는 본래 목적은 잊어버리고 오직 싸움에서 이기는 걸 생각한다.

우리는 정신 바짝 차리고 사회복지를 보는 관점을 살펴야 한다. 사회복지를 보편적 혹은 선별적으로 생각하는 건 사회복지를 보는 관점이 다르기 때문이다. 사회복지를 정치적 관점에서 보니까 복지가 정치적 이념이 되고, 곧 보수 진영이나 진보 진영이 되는 것이다. 정치는 편 가르기다. 그런데 사회복지는 정치가 아니다. 사회복지를 보편적 복지냐, 선별적 복지냐 하는 건 정치다.

나는 사회복지를 복지 관점에서 봐야 한다고 생각한다. 보편적 복지와 선별적 복지라는 말에는 '주다give'라는 의미가 내포된다. 사회복지를 보편적으로 줄까, 선별적으로 줄까. 사회복지를 준다고? 누가? 누구에게? 국가가 국민에게 사회복지를 주는가? 그렇다면 국가란 무엇인가? 국가를 구성하는 국민, 영토, 주권 중에 사회복지를 주는 주체가 있는가? 국가가 사회복지를 준다면 그 주체는 정치인과 공무원인가? 정치인과 공무원이 국가인가? 그렇다면 사회복지란 무엇인가?

정치인이 사회복지를 어떻게 인식하는지 모르겠다. 사회복지사가 생각하는 사회복지는 곧 사회정의다. 인간이 행복을 추구하는 건 헌법에서 보장하는 기본권이다. 사회복지는 인간의 행복 자체다. 사회복지 제도는 인간의 행복을 사회적으로 보장하는 것이고, 사회정의로서 마땅히 추구해야 할 우리의 가치다. 이 땅에 주권을 가진 국민이 누려야 할 기본권을 단지 환심을 사기 위한 수단으로 생각한다면 참으로 저급하고 구질구질하다.

보편적 복지는 모든 사람이 보편적으로 추구하는 행복한 삶을 의미한다. 해도 그만 안 해도 그만인 게 아니라, 사회정의로서 당연히 구현돼야 할 가치다. 선거철이라고 그 의미가 어느 편에 서느냐에 따라 달라져선 안 된다. 한 나라 국민이 반쪽짜리 복지를 누리는 일은 있을 수 없다. 부디 다음 선거에는 사회복지를 가지고 보편적 복지냐, 선별적 복지냐 편 가르는 정치인이 없었으면 좋겠다. 표를 얻기 위해 보편적 복지를 부르짖는 정치인도 사절이다. 다른 건 몰라도 사회복지만큼은 정신 바짝 차리고 지켜보자.

사회복지사와
클라이언트

　사회복지사가 많이 쓰는 말 중에 '클라이언트client'가 있다. 사회복지사가 주로 상담 업무를 하는 과정에 내담자counselee를 에둘러 표현할 때, 'CT'라 쓰고 클라이언트라고 읽는다. 나는 사회복지사가 되기 전에 클라이언트라는 말을 잘 쓰지 않았다. 클라이언트라고 하면 '물건을 사러 오는 손님' '고객' 정도로 이해할 뿐, 딱히 쓸 일이 없었기 때문이다. 그때만 해도 '손님은 왕이다' '고객은 언제나 옳다'라는 말처럼 클라이언트는 항상 '갑'의 이미지였다.

　사회복지사로 일하면서 알게 된 클라이언트는 이전과 달랐다. 사회복지 분야에서 클라이언트는 누군가의 도움 없이 살아가기 힘든 존재, 사회복지사의 원조가 필요한 대상으로 인식된다. 사회복지에서 클라이언트는 어딘가 모르게 남루하고 초라한 이미지다. 그런데 언제부턴가 사회복지에서 클라이언트는 도움을 요청한 내담자를 넘어 사회복지 서비스를 받는 모든 대상자, 불특정

다수 주민을 가리킨다. 나는 하루에도 수십 번씩 클라이언트라는 말을 하면서 과연 제대로 쓰는 건가 싶을 때가 한두 번이 아니다. 10년이 넘도록 사회복지사로 살아왔지만, 클라이언트가 사회복지사에게 어떤 의미인지 새삼 생각하게 된다.

클라이언트를 이해하기 위해서는 어원부터 알아봐야겠다. 클라이언트의 어원은 고대 로마 시대 파트로네스patrones와 클리엔테스clientes의 관계에서 찾을 수 있다. 파트로네스는 장군이나 재력가, 정치가 등 주로 귀족층이고, 클리엔테스는 병사나 노동자, 농민 등 파트로네스의 후원이나 지배를 받는 평민층이다. 파트로네스는 클리엔테스를 군사적으로 보호하거나 사회적 편의를 제공하고, 클리엔테스는 파트로네스를 위해 일하고 정치적으로 표를 주는 유권자 역할도 했다. 둘은 고대 시민사회에서 서로 이익을 위해 존재하는 정치적 관계다. 오늘날 파트로네스는 영어에서 '후원자'를 뜻하는 patron으로, 클리엔테스는 '고객'을 뜻하는 client로 남았다.

현대사회에서 클라이언트는 페이트런의 후원을 받는 사람이라기보다 자기 문제를 해결하거나 이익을 위해 투자하는 사람을 일컫는다. 예를 들면 전문가에게 상담을 부탁하는 사람, 영화나 제품의 제작을 의뢰하는 투자자, 광고업계에서 광고주, 사업상 거래처 등 지위가 옛날보다 훨씬 높아졌다고 할 수 있다.

사회복지 분야에서도 사례 관리 같은 업무 중 원조를 위해 찾아오는 내담자를 일반적으로 클라이언트라고 부른다. 엄밀히 말해 원조가 필요해서 신청한 단계에는 아직 신청자 신분이라 클라이언트라고 보기 어렵고, 복지관에서 일정한 절차에 따라 신청자의 동의 아래 서비스를 계약한 시점부터 클라이언트라고 부른다. 어찌 된 영문인지 사회복지사는 굳이 상담을 요청한 사람이 아니라도 사회복지 서비스 대상자를 보통 클라이언트라고 한다. 잠재적 서비스 대상인 사회적 약자나 취약 계층을 통틀어 클라이언트라고 부르기도 한다.

이 사실을 주민이 알면 어떻게 생각할지 궁금하다. 자신을 고객으로 부른다면 좋아할지도 모르지만, 사회복지 서비스 대상자로 불리면 반길 사람은 없을 것이다. 이는 우리나라 사람들의 사회복지에 대한 인식 때문일 수도 있지만, 클라이언트라는 말을 생각 없이 남발하는 사회복지사가 더 문제다.

사회복지사는 사회정의 실현과 클라이언트의 복지 증진에 헌신한다.

사회복지사 윤리 강령에 나오는 구절이다. 한사협은 1982년 사회복지사가 전문직으로서 지향해야 할 자아상, 자기의 책무, 최소한의 행동 준칙 등을 들어 사회복지사 윤리 강령을 제정했다. 사회복지사 윤리 강령에 '사회복지사' 다음으로 많이 나오는 단어가 '클라이언트'다. 사회복지사가 사회정의 실현에 헌신하는 직업이라고 아는 사람이 과연 몇 명이나 될까 싶다. 하지만 클라이언트의 복지 증진을 위해 헌신하는 직업이라고 하면 사회복지를 잘 모르는 사람도 대체로 공감할 것이다.

여기서 클라이언트가 자신이라고 생각하는 사람은 아무도 없을 것이다. 사회복지사는 자신이 클라이언트를 위해 헌신하는 사람이라 말하고, 클라이언트는 본인이 클라이언트인 줄 모르고 살다가 허망하게 세상을 떠나는 일이 벌어지는 나라가 대한민국이다. 과연 사회복지사가 말하는 클라이언트는 누구일까?

복잡하게 생각할 것 없이 현대사회에서 클라이언트는 고객이다. 사회복지사에게 클라이언트도 고객이다. 사회복지 분야에 따라 고객의 신분이 달라질 수 있지만, 사회복지에서 고객은 대개 주민이다. 그런데 주민은 사회복지사가 헌신해야 할 대상이 아니다. 옛날에야 사회복지 서비스 대상자가 주로 먹고살기 힘든 사람이었는지 몰라도 요즘은 여가와 문화생활을 즐기는 일까지 사회복지로 인식해서 사회복지 서비스 대상자를 특정하기 어렵고, 주민이면 누구나 사회복지 서비스를 이용할 수 있다.

인위적인 기준에 따라 사회적 약자나 취약 계층으로 구분되어 사회복지 서비스를 받을 자격이 주어졌다고 해서 주민을 클라이언트로 부르는 건 문제가 있다. 65세가 넘어 전철을 공짜로 탄다고 해서 교통공사의 클라이언트가 되는 게 아니다. 오히려 특별고객쯤 되겠다. 모든 클라이언트 관계는 신청과 동의에 따라 계약한 뒤에 형성된다.

사회복지사의 사례 관리 업무나 한정적인 분야를 제외하고 클라이언트를 사회복지사가 헌신해야 할 대상으로 통칭해선 안 된다. 좀 거창할지 모르지만, 사회복지사가 헌신해야 할 대상은 국가와 사회다. 사회복지사도 경찰관이나 소방관처럼 우리 사회를 위해 존재하는 공공재이기 때문이다. 사회복지사는 오직 클라이언트를 위해 존재하는 사람이 아니다. 사회복지사는 지역사회에서 주민과 공존해야 하는 사람이다.

사람이 가진 게 망치뿐이라면 세상 모든 것이 못으로 보인다고 했다. 사회복지사가 헌신해야 할 대상이 클라이언트라고 하면 세상 모든 사람이 사회적 약자로 보인다. 사회복지 서비스의 대상은 원조가 필요한 사회적 약자뿐만 아니다. 주민은 누구나 사회복지를 누려야 할 대상이고, 그로 인해 지역사회 복지 수준이 높아진다. 앞으로 사회복지사가 흔히 쓰는 CT가 클라이언트가 아니라 주민citizen을 뜻했으면 좋겠다. 이것이 헌법에서 보장한 복지국가로 가는 첫걸음이다.

청탁의
두 얼굴

'부정 청탁 및 금품 등 수수의 금지에 관한 법률', 일명 '청탁금지법'이 시행된 지도 벌써 수년이 지났다. 청탁금지법이 처음 시행될 때만 해도 민간 소비 심리가 위축될 거라는 일부의 주장이 있었지만, 지금까지 일상생활에 큰 불편 없이 정착되는 듯하다. 법이 시행된 뒤 공직 사회를 중심으로 '위반 1호'가 되지 않기 위해 '안 만나고, 안 받아먹는' 분위기가 확산하면서 한동안 반강제로 청렴 사회가 만들어지는가 싶었다.

그런데 청렴 사회가 되고 나니 이번에는 공공 기관 주변 식당과 꽃집에서 매출이 줄었다며 울분이 터져 나왔다. 그동안 아무리 갖다 바쳤다 해도 주변 상권이 마비될 정도는 아니었을 텐데, 상인의 볼멘소리는 쉽게 먹혀들었다. 명절 선물 상한가를 농·축·수산물 가공품만 5만 원에서 10만 원으로 높이고, 경조사 부조는 10만 원에서 5만 원으로 낮추는 것을 골자로 법이 개정됐다. 청탁금지법이 시행된 지 불과 1년 3개월여 만이다.

살다 보면 남에게 신세 질 일이 생기고, 신세 지면 감사한 마음에 보답하는 게 인지상정이다. 오랫동안 친분을 쌓은 관계라야 신세도 진다. 친분이 없는 사이인데 신세 지려고 하다 보면 아무래도 정상적인 방법보다 부정적인 방법으로 청탁하게 된다. 부정적인 청탁은 금전 관계로 이어지게 마련이다.

청탁금지법이 시행된 2016년, '최순실 국정 농단 사태'로 온 나라가 발칵 뒤집혔다. 법을 만드는 사람 따로 있고 지키는 사람 따로 있는가. 권력의 그늘에서 부정 청탁과 비리가 얼마나 만연한지, 큰 권력에 가까워질수록 청탁 규모가 얼마가 될지 짐작조차 할 수 없다. 사과 상자에 다른 것이 들었을 경우에 대비해 만든 법 때문에 스승의날 선생님께 카네이션과 캔 커피 하나 드리지 못하는 현실이 씁쓸하다. 명절 선물로 10만 원까지 괜찮다고 법이 개정되자, 마트에서 9만 9000원짜리 한우 선물 세트가 날개 돋친 듯 팔렸다는 기사를 보며 1000원에 갈리는 우리의 도덕적 기준을 다시 한번 생각한다.

청탁하는 사회라고 해서 잘못된 사회는 아니다. 권력에 기대 아첨하는 몇몇 파렴치한 때문에 '청탁'이란 말이 부정적으로 쓰여서 그렇지, 자연스럽게 청탁하지 못하는 사회가 오히려 삭막하고 낯설다는 생각을 해본다. 흔히 대가성이 있는 청탁 행위를 부정 청탁으로 오해하는데, 반드시 그런 건 아니다. 부정 청탁을 구분할 때 대가성을 따지는 건 어불성설이다.

정당하든 부정하든, 세상의 모든 청탁은 대가를 전제로 한다. 부정 청탁은 정의롭지 않은 청탁을 말한다. 청탁한 의도가 대가를 바란다고 해서 부정한 게 아니라, 청탁한 결과로 받은 대가가 정의롭지 않을 때 부정 청탁이라고 해야 옳다. 10만 원이 넘으면 부정 청탁이 되고, 9만 9000원은 괜찮다는 인식은 법의 취지를 왜곡한다.

나는 평소 청탁을 일삼는 사회복지사다. 지역사회의 문제 해결과 복지 증진을 위해 자원봉사나 기부를 부탁하는 게 사회복지사의 주된 업무이다 보니, 얼굴에 철판을 깔고 청탁하는 게 일상이다. 어디 그뿐이겠나. 퇴근한 뒤 사회복지 업무와 관계된 공무원이나 지역구 의원을 만나 막걸리 한 잔 마시며 지역의 문제와 사회복지 정책을 허심탄회하게 토론하기도 하고, 새로운 정책 아이디어가 받아들여져 사업비 수천만 원이 내려오는 일도 있다.

사회복지사가 밤낮으로 청탁해서 사업비를 딴들 단돈 1원도 인센티브가 돌아가지 않는다. 사회복지사에게 청탁은 일이니까, 청탁한 대가로 지역의 사회복지 서비스가 더 풍부해지니까 하는 거다. 이렇듯 사회복지사가 지역복지를 위해 정책을 제안하고 요청하는 활동도 청탁 행위다. 사회복지사가 업무상 밥 먹듯이 하는 청탁 행위를 '정의로운 청탁'이라 말하고 싶다. 공정하고 투명한 사회를 만들기 위한 청탁금지법으로 사회복지사가 일상적으로 청탁하는 사회복지 활동까지 위축된 것 같아 아쉬움이 남는다.

청탁금지법 5조 2항에 "사회 상규에 어긋나지 않는 청탁 행위는 법의 적용을 받지 않는다"라고 명시했다. 여기서 사회 상규란 공정하게 사유할 줄 아는 일반인이 건전한 사회생활을 하면서 옳다고 승인한 정상적인 행위 규칙(칸트의 정언명령쯤으로 보면 되겠다)을 의미한다. 누구나 인정하는 청탁은 괜찮다는 말이다. 9만 9000원 짜리 한우 선물 세트는 사회 상규에 맞고, 선생님께 드리는 캔 커피는 사회 상규에 어긋나는 행위인지 따져봐야 할 문제다.

애덤 스미스는 《도덕감정론》에 인간이 이기심에서 벗어나 도덕적으로 바른 행동을 하도록 자신을 통제하는 존재를 '공정한 관찰자impartial spectator'라고 말한다. 공정한 관찰자는 내가 무슨 행동을 하든 알고 있다. 공정한 관찰자는 나 자신을 한 걸음 물러서서 지켜볼 뿐만 아니라, 내가 하는 행동에 종종 말을 건다. 식당에서 거스름돈을 더 받은 걸 알면서도 가게 문을 나서려고 할 때, 갑자기 등 뒤에서 "그냥 가도 돼?"라고 말을 거는 존재다. 공정한 관찰자의 존재가 바로 사회질서를 유지하는 힘이다.

인간 행동의 도덕적 기준을 법으로 규정한다는 건 세상이 그만큼 정의롭지 못하고 삭막하다는 방증이다. 그 옛날 애덤 스미스는 인간 사회는 사랑이 없어도 합의된 가치 평가에 따른 금전적 교환만으로 질서를 유지할 수 있다고 말했다. 물론 인간이 공정한 관찰자의 목소리에 귀 기울이고 정의의 규칙에 따라 행동할 때 가능한 세상이다. 애덤 스미스의 말처럼 정의로운 사회는 어쩌면 공정한 관찰자의 물음에 화답하는 사회가 아닐까 싶다. 살면서 남에게 신세 지거나 청탁해야 할 경우가 생긴다면 마음속 공정한 관찰자에게 질문해보자. '이게 과연 정의로운 행동인가?'

롱 패딩과 양말의 차이
사회복지와 모금 ① 모금을 하는 시기

제주도에 처음 내려와 살기 시작했을 때, 남쪽이라서 그
런지 한겨울에도 정말 따뜻한 느낌이 들었다. 제주는 기온이 영하
로 내려가는 일이 별로 없다. 그런데 한두 해 살다 보니 따뜻하지
만은 않았다. 육지 사람이 들으면 콧방귀를 뀔 일이지만, 나는 제
주에 내려온 이듬해 큰맘 먹고 롱 패딩을 장만했다. 제주에서 겨
울을 지내고 나니 바닷가 칼바람의 기세에 걱정이 앞섰기 때문이
다. 때마침 롱 패딩이 한창 유행이라 디자인도 다양하고 생각보다
저렴했다.

롱 패딩은 정말 따뜻했다. 머리부터 무릎 아래까지 100% 거위 깃
털로 채워, 입으면 포근함이 온몸을 감쌌다. 롱 패딩 하나면 제주 칼
바람에도 끄떡없을 것 같았다. 겨울이면 첫눈이나 크리스마스이브
의 낭만을 떠올리는 이들이 많은데, 나이가 들어서인지 사회복지
사 생활을 오래 해서 생긴 직업병인지 겨울이 오면 뭔가 대비해야
할 것 같은 기분에 찬 바람이 불기도 전에 설레발을 치고 말았다.

사회복지사에게 겨울은 유난히 분주하다. 겨울은 나눔의 계절이기 때문이다. 코로나19 때문에 이제 엄두도 못 내지만, 자원봉사자 수백 명이 광장에 모여 김장 수천 포기를 담그는 행사는《기네스북》에 올라도 손색이 없다. 달동네 좁은 골목에서 같은 색 조끼를 입은 사람들이 줄지어 연탄을 나르는 모습은 겨울철이 아니면 볼 수 없는 사회복지의 진풍경이다. 연말연시가 되면 복지시설을 찾아 후원 물품을 전달하는 기업도 많다. 그러다 보니 복지관 현관 앞에서 선물 상자를 산더미처럼 쌓아놓고 사진 찍는 일은 겨울철 사회복지사의 단골 업무다. 겨울은 사회복지의 계절이라고 해도 과언이 아니다.

겨울이 사회복지의 계절이 된 데는 사랑의열매(사회복지공동모금회) 역할이 크다. 사랑의열매는 연말연시에 대대적으로 모금 활동을 시작한다. 크리스마스 전후로 광화문광장부터 전국에 일제히 사랑의온도탑을 세우고 두 달 남짓 모금 대작전을 펼친다. 사랑의온도탑은 목표한 모금액의 1%가 달성될 때마다 1℃씩 올라가는데, 겨울철 두 달 동안 목표액이 4000억 원 정도 되니까 40억 원에 1℃가 올라가는 셈이다. 그 많은 돈을 두 달 만에 무슨 수로 모금하나 싶은데, 사랑의온도탑은 해마다 100℃가 넘어 뜨겁게 마무리된다. 4000억 원이 넘는 돈이 70일 만에 모일 수 있다는 사실이 놀라울 따름이다.

사람들은 사회복지공동모금회라는 사회복지 기관은 잘 몰라도 사랑의열매는 잘 안다. 겨울에만 그렇다는 게 함정이긴 하다. 겨울이 되면 정치인이나 사회복지 분야 인사, 대중 앞에 서는 사람들이 약속이나 한 듯 옷깃에 빨간 열매를 달기 시작한다. 그 배지를 왜 달고 다니는지 사회복지사인 나도 정확히 모르지만, '겨울이 됐으니 어려운 이웃을 위해 사랑의열매에서 하는 모금에 동참하자'라는 의미가 아닐까 싶다.

사랑의열매는 연예인까지 동원해 찍은 광고로 온 나라를 떠들썩하게 한다. 광고 찍을 돈으로 모금을 좀 덜하면 어떨까 싶지만, 모금도 마케팅 수단을 활용해야 먹히는 세상이다. 그래서일까? 사랑의열매가 1년 내내 모금한 금액이 6000억 원 정도인데, 겨울철 두 달 동안 모금한 금액이 4000억 원 이상이다. 연예인 마케팅 효과인지 모르지만, 이 정도면 사랑의열매가 기부는 1년 내내 하고 모금은 겨울에만 한다고 해도 할 말이 없을 것 같다.

사랑의열매가 겨울에 이 난리를 피우는 이유가 있다. 사람들은 보통 나눔을 춥고 배고픈 이에게 자기 것을 베푸는 행위로 생각하는 경향이 크기 때문이다. 이런 심리를 이용해 사랑의열매를 비롯한 전 세계 모금 단체는 광고를 최대한 불쌍하게, 더 참혹하게 만든다. 이들이 빈곤 포르노 같은 콘텐츠를 스스럼없이 만드는 이유는 측은지심을 자극해 더 많은 모금을 유도하기 위해서다. 나눔은 원래 덕을 나누는 것인데, 요즘은 왠지 한구석에 다른 의도가 있는 듯하다.

나눔은 이제 국가가 책임지지 못하는 사회 안전망의 한 부분을 담당한다. 나눔은 공간적으로 국경을 넘어섰으며, 시대적으로 자원과 효용을 늘리고, 궁극적으로 자신도 도움을 받는 사회 구성원 전체의 호혜적 행위로 진화하고 있다. 이는 세계적인 추세다.

겨울이나 특정한 시기에 동정심에 이끌린 일시적인 나눔이 시대착오적일 수밖에 없다. 한순간 끓어오르는 양은 냄비 같은 사랑은 금세 식는다. 그래서 사회복지공동모금회가 주장하는 사랑의 온도는 100℃가 되면 안 될 것 같다. 한순간 뜨겁지만, 사람의 온기가 느껴지지 않기 때문이다. 사랑의 온도는 36.5℃면 충분하다. 그래야 오랫동안 곁에 두고 따뜻함을 느낄 수 있다. 나눔은 겨울에 입는 롱 패딩이 아니다. 나눔은 매일 신는 양말 같은 일상이어야 한다.

드러내지 않는 덕, 현덕

사회복지와 모금 ② 모금을 하는 의도

연말연시 도심 교차로에 세운 사랑의온도탑이 해마다 목
표 모금액을 달성해 100℃가 넘었다는 소식은 우리 사회가 아직
살 만하다는 방증이 아닐까 싶다. 개인주의가 판치는 요즘 세상에
어려운 이웃을 위해 매년 수천억 원이 모인다는 건 정말 따뜻한 소
식이다. 이처럼 겨울이면 사람들이 서로서로 나눔을 실천하니, 나
같은 사회복지사는 평소보다 바빠지게 마련이다. 기부와 나눔이
활발할수록 사회복지사의 일이 늘어난다. 기부가 줄면 사회복지
사는 덜 바쁘겠지만, 세상은 점점 각박해지니 웃어야 할지 울어야
할지…. 퇴근길에 사랑의온도탑을 보면 만감이 교차한다.

얼어붙은 경제 상황이 계속되는데도 해마다 모금액이 증가하
는 까닭은 사회복지공동모금회 직원들의 피나는 노력이 있었기
때문이겠지만, 예전과 많이 달라진 기부 형태도 한몫한다고 본다.
몇 년 전만 해도 사회복지 기관에서는 자원 개발이라는 명목으로
각자의 방식대로 모금했다. 사회복지공동모금회 때문에 잘 보이

지 않아서 그렇지, 사회복지사들도 죽어라 모금을 한다.

우리나라에서 합법적으로 모금할 수 있는 기관은 사회복지공동모금회와 김수환 추기경이 선종하시면서 만든 재단뿐인 것으로 아는데, 국내 모든 사회복지 기관은 합법인지 불법인지도 모르는 모금 활동을 그렇게 열심히 한다. 자원 개발은 사회복지사의 능력이기도 하니까 한 푼이라도 더 후원받기 위해 동네 가게에 저금통을 나눠주며 도움을 요청한다. 나는 사회복지사가 되기 전에 잠시 학습지를 판매했는데, 적성에 맞지 않으면 하기 어려운 일이었다. 사회복지사가 되고 나서 저금통을 두고 오는 일도 적성에 맞지 않기는 마찬가지였다.

요즘은 굳이 사회복지사가 발 벗고 나서지 않아도 기업이나 단체 등에서 복지관으로 기부하러 오겠다고 연락을 한다. 기부 물품을 억지로 떠맡기는 일도 있어서, 모금 방식이나 형태로 보면 격세지감이 든다. 사회복지사는 얼굴에 철판을 깔고 일일이 찾아다니지 않아도 기부받을 수 있으니 귀찮은 업무를 던 것 같지만, 그렇다고 마냥 기뻐할 일은 아니다.

세상에 밑지고 장사하는 사람이 어디 있나. 누가 뭐래도 기업의 목적은 이윤 추구다. 요즘은 기업의 이윤이 금전적인 부분뿐만 아니다. 지속 가능한 경영을 위해서는 기업이 사회적 책임을 얼마나 하는지도 중요한 가치로 떠오른다. 기업은 많은 일자리를 만드는 것으로 어느 정도 사회적 책임을 한다고 볼 수 있지만, 직접 사회에 기부하거나 재단을 설립해 사회복지사업을 운영하거나 간접 지원하는 것도 방법이다. 기업은 사회 공헌 활동을 통해 사회적 책임을 다하니 이미지가 좋아지고, 덤으로 세제 혜택까지 얻으니 마다할 일이 아니다. 기업의 사회 공헌 활동도 목적은 이윤 추구에 있는 것이다. 기업의 사회적 책임이라는 게 순수한 의도가 아닐 수도 있다는 사실이 아이러니하다.

아이러니한 기부 형태는 기업에만 있는 게 아니다. 개인이 하는 기부도 마찬가지다. 연말연시가 되면 뉴스 끝자락에 불우 이웃 돕기 성금을 낸 단체나 사람들 이름이 나온다. 말 그대로 어려운 이웃을 위해 십시일반 수백만 원을 모은 단체 회원부터 몇 년을 모은 저금통을 깨서 기부한 어린이까지 금액도, 사람도 다양하다. 그런데 왜 하필 방송국에 기부할까? 모금하는 사람은 좀 더 많은 기부를 유도하기 위해 방송을 한다 치더라도, 기부하는 사람은 어떤 마음인지 궁금하다. 김밥 할머니가 평생 모은 돈을 아무도 모르게 경찰서 앞에 두고 간 사연과 대조된다. 자기 PR 시대니까 그럴 수도 있겠다 싶다. 개인이나 기업의 기부 행위에 숨은 의도가 있을지 모른다는 생각에 씁쓸하다.

우리는 누군가에게 도움을 받았을 때, '덕분에'라는 말을 자주 쓴다. 덕분은 한자를 풀이하면 '덕을 나누다'로, 베풀어준 은혜나 도움을 뜻한다. 덕德이라는 한자는 얻을 득得에 마음 심心이 합해진 형태로, '마음을 얻는 것'이라고도 풀이한다. 요즘 우리 사회의 기부 문화는 덕을 나누는 것 같지 않다. 기부를 통해 얻고 싶은 것이 사람의 마음인지, 관심인지 모르겠다. 해가 갈수록 모금의 규모는 커지는데, 기부하는 사람의 마음이 전해지지 않는 느낌이다. 진정한 덕이란 사람의 마음을 얻을 때 빛을 발할 텐데 말이다.

《삼국지》에 많은 인물이 등장하지만, 주인공은 역시 유비와 관우, 장비다. 유비는 조조, 손권과 함께 중원을 삼분한 군주 가운데 사람의 마음을 얻는 능력이 가장 뛰어난 인물로 기억된다. 알다시피 유비의 자는 현덕玄德이다. 현덕은 어두운 덕, 즉 '드러내지 않는 덕'을 뜻한다. 유비가 사람의 마음을 얻는 능력이 뛰어난 까닭이 여기 있다. 누구나 덕을 베풀 때는 자신을 드러내지 않고 자연스러운 애정으로 전해야 마음을 얻을 수 있다. 도움을 받는 사람이 주는 사람의 마음을 눈치채면 그 덕은 마음(心)이 빠진 득得에 불과하다. 유비는 현덕의 의미를 이름에 새겨 한시도 잊지 않았기에 훌륭한 신하를 얻을 수 있었다.

지금 우리 사회의 기부 문화는 어떤가. 해마다 100℃가 넘는 사랑의온도탑처럼 우리 마음이 뜨거울까? 기부액만 보면 예전보다 훨씬 많이 나누지만, 나눈 만큼 세상이 따뜻해진 것 같지 않다. 오른손이 하는 일을 왼손이 모르게 하거나, 밤새 몰래 볏짚을 나르던 의좋은 형제의 모습은 찾아보기 힘든 세상이다.

동화 속 의좋은 형제는 서로 자신의 볏짚을 몰래 나누느라 밤새 헛수고했지만, 따뜻한 마음은 잘 전달됐다. 아쉽게도 연말에 잠깐 하는 나눔은 주는 사람의 마음을 쉽게 알아챈다. 덕이 빠진 나눔에 정작 필요한 사람들에게 따뜻한 마음이 전해질 리 만무하다. '드러나지 않게 덕을 베풀라'라는 유비의 이름 현덕의 의미를 되새겨볼 필요가 있다. 나눔을 통해 진짜 얻고 싶은 것이 무엇인가.

다시 찾은 들에도
봄은 왔을까?

해마다 8월이면 온 나라가 광복절 경축 분위기에 휩싸인다. 대한민국 광복의 역사가 민족의 기쁨이지만, 누군가에겐 아픈 기억을 되새김질하는 구호에 불과할 수도 있다. 사할린Sakhalin 영주 귀국자(이하 사할린 동포) 이야기다.

사할린의 비극은 우리 역사상 가장 암울한 일제강점기부터 시작된다. 식민 통치의 악랄함이 절정에 이른 1938년, 일제는 대륙 침략과 태평양전쟁을 준비하기 위해 국가 전시체제에 돌입한다. 그리고 우리나라의 인적·물적 자원을 약탈하려고 총동원령을 선포한다. 일제는 이때부터 조선인을 강제 동원해 사할린 탄광과 비행장, 도로, 철도 등 군수 시설 건설 현장에 투입한다. 사할린에 강제 동원된 조선인은 7만여 명으로 추정되고, 극심한 노동을 이기지 못하고 절반 가까이 타국에서 생을 마감했다.

1945년 종전과 함께 대한민국은 광복을 맞았지만, 강제 동원에서 살아남은 조선인 4만여 명과 그 후손은 얼음의 땅 사할린에 방치돼 역사의 기억에서 점차 멀어졌다. 1988년 서울올림픽을 기점으로 냉전 시대가 막을 내리면서 한국과 소련(현재 러시아)이 수교하고, 한일 적십자사가 주축이 되어 사할린 한인 조기 귀국을 위한 논의가 이어졌다. 1989년 사할린 동포의 모국 방문을 시작으로 1990년대 초 한일 정상회담에서 사할린 동포 지원 방법을 논의했다. 그 결과 사할린 한인 1세 영주 귀국을 위한 사업을 추진하고, 사할린 한인 전용 아파트 500세대와 요양원을 건립했다. 1997년부터 2013년까지 사할린 한인 1세와 2세 2900여 명이 전국 19개 지역에 정착해 대한민국 국민으로 살고 있다.

백발노인이 돼 조국의 품으로 돌아온 사할린 동포는 행복할까? 정부와 지자체가 영주 귀국한 이들의 정착을 돕기 위해 임대아파트를 제공하고, 국민기초생활보장법에 따라 수급자로 지정해 생계비를 지급하고, 별도로 특별 생계비를 지원하는 등 다각적인 지원 정책을 추진한다지만, 그들의 삶이 어떨지 궁금하다.

10년 전 노인복지관에서 근무할 때, 사할린 동포를 처음 만났다. 내가 일하는 노인복지관이 담당하는 지역에 사할린 동포가 집단 거주하는 임대아파트가 있었고, 그들은 특별 관리 대상이었다. 겉모습은 틀림없는 한국인이지만 러시아어를 자연스럽게 구사하는 모습이 낯설기도 했다. 일흔이 넘은 연세에도 흥이 넘쳐서 춤과 노래를 좋아하셨다. 추운 나라에 살던 분들답게 술도 즐겼는데, 평소 소주를 마시다가도 가끔 내가 찾아가면 사할린에서 가져온 보드카와 살라미를 내주셨다.

내가 업무상 자주 만난 사할린 동포 한인회 회장님은 책임감이 매우 강한 분이었다. 그분의 가장 큰 걱정은 사할린 동포의 건강 문제였다. 사할린 동포를 두려움에 떨게 하는 건 암이다. 10년 동안 사할린 동포 거의 20명이 암으로 사망했다. 지금도 간암, 대장암 등으로 병원이나 가정에서 투병하는 분이 많다고 한다. 꿈에 그리던 고향에 와서 얼마 살아보지도 못하고 병을 얻어 눈을 감다니, 여간 허무한 일이 아니다.

사할린 동포는 의료보호 대상자라 비용 부담을 덜고, 지역사회에 의료 지원을 해주는 병원도 있으니 불행 중 다행이다. 하지만 그분들에겐 외로움이 암보다 무서워 보였다. 사할린 동포가 거주하는 임대아파트에는 일반 주민도 사는데, 거의 소통하지 않았다. 아파트 단지에 하나뿐인 경로당에 사할린 동포가 사용하는 방이 따로 있었을 정도다. 같은 단지라도 사할린 동포는 2~3개 동에 집단 거주해서 주민과 마주칠 일이 별로 없다. 몇 년 전에는 우울증에 시달리던 사할린 동포 한 명이 스스로 목숨을 끊기도 했다. 고령에 기초생활수급권자이다 보니 마땅한 직업을 구하지 못했고, 온종일 집에서 TV를 보거나 슈퍼마켓에 몇몇이 둘러앉아 소주잔을 기울이는 게 일과다.

내가 노인복지관에서 일하며 사할린 동포의 삶을 지켜본 바로는 우리 사회가 그들을 집단으로 따돌리는 게 아닌가 싶었다. 근처 사회복지관이나 몇몇 자원봉사 단체가 아니면 지역에 사할린 동포가 사는지, 그들이 누구인지도 모르는 게 대한민국의 현실이다. 정부가 지원하는 생계비나 의료비도 중요하지만, 사람이 빵만으로 살 수 있는가.

그들이 대한민국 국민으로 이 땅에서 함께 살아가려면 지역사회와 소통할 정서적 지원 방안이 필요하다. 나라 잃고 검은 대륙으로 끌려갔다가 70년 만에 돌아온 사할린 동포를 우리 사회가 따뜻이 감싸 안아야 한다. 우리가 그들을 보살피지 않으면 대한민국은 완전히 해방되지 않은 것이다.

사회복지사가
꿈꾸는 사회복지

5

PART

운동을
시작하는 방법

테드Technology Entertainment Design, TED는 각 분야에서 유명한 인사와 괄목할 업적을 이룬 사람이 펼치는 강연회다. 해마다 미국 롱비치Long Beach와 스코틀랜드Scotland 에든버러Edinburch에서 열리며, 18분 안에 강연을 마무리해야 한다. 미국에서 시작해 세계적으로 알려진 테드에 영화배우부터 노벨상 수상자, 전직 대통령까지 유명 인사가 출연해 많은 인기를 얻고 있다. 2010년 미국의 인터넷 쇼핑몰 CEO 데렉 시버스Derek Sivers가 3분 강연을 마치자, 청중이 기립 박수를 보냈다. 이 짧은 강연이 어떤 감동을 줬는지 자못 궁금하다.

데렉 시버스는 '운동을 시작하는 방법'이라는 주제로 동영상을 보여주며 이야기한다. 동영상에는 많이 사람이 모인 공원 한가운데서 웃통을 벗고 춤추는 남자가 등장한다. 그 남자는 사람들의 시선은 아랑곳하지 않고 한동안 춤을 춘다. 어느 순간 주변에 있던 다른 남자가 그를 따라 춤추기 시작한다. 잠시 후 또 다른 남자가 나타나 춤을 추다가 친구들을 불러 모은다. 곧바로 세 남자가 더 늘어 사람들이 모이는 데 가속도가 붙더니, 공원에 있는 모든 사람이 처음 남자를 따라 춤추는 상황에 이른다. 공원은 축제 현장으로 변한다.

처음에 사람들은 공원에서 웃통을 벗고 춤추는 사람이 미치광이라고 생각했을지 모른다. 첫 번째 추종자는 공공장소의 외로운 미치광이를 리더로 바꾼다. 두 번째 추종자가 나타나면서 춤추는 세 사람은 집단을 형성하고, 집단이 추는 춤은 공원에서 뉴스거리가 된다. 뉴스를 접한 사람이 하나둘 춤추는 집단 주위를 서성이다가 대열에 합류하고, 미치광이의 춤을 방관하던 주변 사람들도 상황이 바뀌었음을 인지하고 조금씩 마음을 바꾼다. 집단이 하는 행동은 돋보이거나 조롱거리가 되지 않기 때문이다. 다수가 참여하는 집단에 혼자 끼지 않는 게 오히려 조롱거리가 될지 모른다는 생각에 뒤늦게 참여하더라도 새로운 집단을 고수하기 위해 노력하는 모습까지 보인다. 운동은 그렇게 시작된다.

공원에서 춤추는 운동이 성공적으로 끝나면 사람들은 처음 웃통을 벗고 춤춘 남자에게 모든 공을 돌릴지도 모른다. 데렉 시버스는 운동을 시작하는 데 가장 중요한 사람은 웃통을 벗고 춤춘 사람이 아니라 그를 따라 춤춘 첫 번째 추종자라고 말한다. 첫 번째 추종자가 없었다면 공원에서 웃통을 벗고 춤춘 사람은 외로운 미치광이에 불과했을 것이다. 두 번째 추종자가 용기 내서 미치광이 대열에 합류했을 때, 이들의 춤은 미친 짓이 아니라 의미 있는 행위가 됐다. 데렉 시버스는 말한다.

"우리가 모두 리더가 되는 건 효과적이지 못합니다. 여러분이 정말로 운동을 일으키려고 한다면 따를 수 있는 용기를 가지세요. 그리고 어떻게 따라야 하는지 다른 사람에게 보여주세요."

현대사회의 리더십은 지나치게 미화됐는지 모른다. 추종자 없이 리더만 있는 리더십이 무슨 소용일까. 모두 리더가 되고 싶어 하고, 자기 혼자 최고가 되기 원하고, 추종자가 되면 패배한 거라는 우월주의적 사고가 현대사회의 변화와 발전을 가로막는 가장 큰 원인이 아닐까 생각해본다.

제주에 스마트복지관이 처음 등장한 2016년, 사람들은 전례와 규정이 없다는 이유로 스마트복지관을 외로운 미치광이 대하듯 조롱하거나 방관했다. 얼마 지나지 않아 인천광역시와 경기도 파주시가 대열에 합류하면서 스마트복지관은 의미 있는 행위가 됐다. 스마트복지관은 첫 번째·두 번째 추종자가 나타나면서 집단이 됐고, 사회복지관 혁신 운동도 순조롭게 진행되는 듯 보였다.

하지만 지금 스마트복지관은 사라졌다. 사람들은 미치광이 짓을 하다 그만둔 내게 "스마트복지관이 지금은 법적인 근거가 없고 사람(동료 사회복지사)들의 공감을 얻기 어려울지 몰라도 사회복지관 혁신 운동의 선구자 역할을 했다"라며 위로했다. 다 끝난 마당에 내가 무슨 소감이라도 발표하길 바라진 않았겠지만, 하나는 짚고 넘어가야겠다.

사회복지관의 운영 혁신에 필요한 건 스마트복지관 같은 선구자적 리더가 아니다. 아무도 하지 않는 미치광이 짓을 보고 용기 내서 뛰어든 첫 번째 · 두 번째 추종자가 중요하다. 리더가 사라지고 낙동강 오리 알처럼 남은 첫 번째 · 두 번째 추종자를 위로하는 게 먼저다. 인천광역시와 파주시 같은 추종자가 있었기에 세 번째 · 네 번째 추종자는 스마트복지관이라는 미치광이(?) 대열에 훨씬 적은 용기로도 합류할 수 있게 됐다. 스마트복지관 운동에 가속이 붙어 사회적으로 큰 전환점이 되길 기대했는데, 지금은 이마저 어려워졌지만 말이다.

뉴턴의 운동 제1법칙은 고등학교만 졸업하면 안다는 관성의법칙이다. 이 세상에서 혼자 힘으로 운동할 수 있는 물체는 없다. 내가 말하는 운동은 물리학의 운동과 다르지만, 데렉 시버스가 강연에서 보여준 동영상의 운동과 물리학의 운동은 별다를 게 없다. 변화의 리더십에는 추종자가 필요하고, 그다음에 나타나는 새로운 추종자는 리더가 아니라 첫 번째 추종자를 따라 한다. 지금 우리 사회에 필요한 리더십은 혁신적인 이상과 높은 신념으로 변화를 이끄는 사람이 아니라, 그 변화에 용기 내어 대열에 합류하는 추종자에서 비롯되지 않을까 싶다.

데렉 시버스의 강연은 이렇게 마무리된다. 혼자 외로이 옳은 일을 하는 사람을 보면 주저하지 말고 용기 있게 합류하는 두 번째 사람이 돼라. 당신이 첫 번째 사람을 무시하면 그는 바보가 되지만, 함께하는 순간 그것은 운동이 된다.

혁신은
이제 그만

최근 대한민국 사회복지계는 정부에서 준비 중인 '지역
사회 통합 돌봄' 정책이 뜨거운 감자다. 보건복지부는 앞으로 돌
봄이 필요한 사람이 지역사회에서 주민과 거주하며 개인의 욕구
에 맞는 복지 급여와 서비스를 누릴 수 있도록 지원하는 커뮤니티
케어community care, 즉 '지역사회 통합 돌봄' 정책을 발표했다. 그
첫 단추로 8개 지자체를 선정해 선도 사업을 시행하고, 2026년부
터 보편적으로 정책을 확대 추진하겠다고 밝혔다.

나는 이 정책의 취지와 선도 사업 진행 방향을 설명하는 정책
설명회에 참석했다. 분명 참석 대상에 민간 사회복지시설 종사자
도 포함됐는데, 설명회장엔 공무원이 가득하고 민간 사회복지사
는 나뿐이었다. 민간이 빠졌으니 지역사회 통합이라는 말이 무색
했지만, 오랜 시간 심혈을 기울여 준비한 사회복지 혁신 정책을
발표하는 복지부 사무관은 기대와 확신에 차 있었다. 나는 공무원
들 틈바구니에서 정책 설명을 듣는 내내 혼란스러웠다. 과연 커뮤

니티 케어 정책이 대한민국의 사회복지 혁신을 넘어 혁명을 가져올지 의문이었기 때문이다.

우리나라 사회복지는 과거에도 전달 체계를 혁신하고자 여러 차례 시도했다. 첫 번째 시도는 40년 전으로 거슬러 올라간다. 1980년대 초부터 사회복지 전달 체계 개편 논의가 시작됐고, 1992년 공공복지 전달 체계의 비효율성과 전문성 부족 등을 해결하기 위한 복지 사무 전담 기구 설치에 관한 법적 근거를 마련했다. 이를 계기로 보건복지사무소가 등장했다. 당시 아는 사람만 알던 보건복지사무소는 1995년부터 4년간 전국 일부 지역에 시범 사업으로 추진했다. 2003년 참여정부가 들어서고 사회복지사무소로 변경하면서 사업을 확대하는가 싶었는데, 주민뿐만 아니라 공무원에게도 큰 호응을 얻지 못하고 역사의 뒤안길로 사라졌다.

두 번째 시도는 2005년 복지 공급자와 수요자의 협력 기구인 지역사회복지협의체다. 1차 혁신 때 논의되던 지역사회복지협의체는 시·군·구 지역의 사회복지 네트워크를 통해 주민에게 필요한 서비스를 원스톱으로 제공해서 공공 사회복지 제도의 한계를 보완하자는 취지였다. 하지만 시범 사업으로 출발해 실행 과정에서 본래 취지대로 주민의 참여 기반을 확립하지 못했을 뿐만 아니라, 정책의 추진 주체인 공무원의 참여도 미비했다. 다행히 사회복지사무소처럼 없어지진 않고 지금까지 명맥만 이어온다.

세 번째 시도는 2012년부터 추진하는 '읍·면·동 복지 허브화' 정책이다. 이 정책은 읍·면·동 행정복지센터에 맞춤형 복지 전담팀을 설치하고, 사회복지 공무원을 대거 채용해서 현장 상담을 강화하는 등 주민 중심의 찾아가는 복지 서비스가 골자다. 하지만 이를 계기로 민간 사회복지 기관에서 해오던 일까지 공무원이 맡으면서 공무원 중심 복지 정책이 아니냐는 볼멘소리가 적지 않았다. 급기야 2017년부터 시·군·구 지역사회보장협의체(옛 지역사회복지협의체)를 읍·면·동까지 확대 시행했지만, 이 또한 만만치 않았다. 민관 협력을 위한 협의체의 역할과 정체성은 지역마다 제각각이고, 민간 사회복지 기관과 역할 갈등이 여전하다.

우리나라 사회복지 전달 체계는 혁신을 거듭해왔지만, 괄목할 혁신은 보여주지 못했다. 현재 읍·면·동 복지 허브화 정책이 제대로 성과를 내지 못하는 상황에, 정부가 들고 나선 카드가 앞서 말한 지역사회 통합 돌봄 정책이다. 복지부는 5년 뒤 본격 추진을 염두에 두고 시범적으로 시행하는 사업이라고 으름장을 놓았지만, 과거 여러 차례 혁신 정책을 실행해온 일선 공무원과 사회복지사는 혼란스러울 수밖에 없다. 지금까지 정부가 추진해온 사회복지 혁신 정책의 청사진은 바람직한 방향으로 보이는데, 왜 이토록 시큰둥한 반응이 나올까.

나는 그 원인을 두 가지로 본다. 첫째, 정책을 추진하기 전에 시행하는 시범 사업이다. 예나 지금이나 정부는 새로운 정책을 추진하기 전에 시범 사업을 시행한다. 돌다리는 정부가 만들고 지자체에 두들겨보라고 떠넘기는 격이니, 아무리 좋은 정책이라도 실무자에게 공감을 얻기 힘들다. 시범 사업은 말 그대로 시험 삼아 해보는 사업이다. 성공을 위한 절박함보다 실패 가능성을 전제로 한 안일함이 있다 보니, 소리가 요란할 뿐 시간이 지날수록 분위기는 쉽게 식고 뼈다귀만 남은 일이 부지기수다.

정부도 이런 분위기를 눈치챘는지 시범 사업을 선도 사업으로 개명하고, 지난 잘못을 되풀이하지 않겠다는 의지를 드러낸다. 시범 사업이 말 그대로 시범 삼아 해보는 사업이라면, 선도 사업은 본 사업을 전체적으로 확대하기 전에 추진하는 몇몇 사업이란다. 하지만 양치기 소년에게 여러 번 속은 민심이 쉽게 돌아설지 걱정이다. 정부가 쏘아 올린 공을 넘겨받은 지자체가 그 뜻을 잘 이어갈 수 있을지 지켜볼 일이다.

둘째, 사회복지 정책의 혁신을 대하는 관점이다. 정부가 추진해 온 사회복지 전달 체계 혁신 정책에는 공통점이 있다. 혁신 정책을 추진할 때마다 종전 방식을 대체할 새로운 체제를 도입했다는 것이다. 사회복지사무소가 그랬고, 희망복지지원단이 그랬고, 지역사회복지협의체가 그랬다. 정부가 사회복지 정책의 혁신에 대해 착각하는 것 같다. 국가 경제는 혁신 성장이 가능할지 모르지만, 휴먼 서비스인 사회복지는 혁신해서 성장할 수 없다. 그동안 사회복지 전달 체계 개편 노력이 실패로 끝난 원인은 사회복지를 기술적인 혁신의 관점에서 접근했기 때문이다.

사회복지 서비스는 엘리트의 혁신만으로 변화할 수 없다. 사회복지 서비스는 정치, 사회, 문화 등 인간의 삶 전반에 걸친 요소를 포함해서 기술혁신이 아니라 개혁이나 계몽, 즉 혁명이 일어나야 변화하고 성장할 수 있다. 생활양식과 사회적 인식 같은 종전 체제를 내팽개치고 새로운 체제를 도입해서 하루아침에 혁명이 일어난 예는 없다. 혁신은 개선이지 창조가 아니다. 다행인지 불행인지 정책을 설명하는 복지부 사무관은 이번 커뮤니티 케어 정책 선도 사업은 종전 정책의 개선과 복지 자원의 유기적인 협력 모델을 만들어가는 과정이라고 강조했다. 물론 중앙정부 공무원이 강조하고, 실행은 공을 넘겨받은 지자체 공무원의 몫으로 남았다.

나는 이번 커뮤니티 케어 정책에 거는 기대가 남다르다. 제주에서 추진한 스마트복지관 사업과 많이 닮았기 때문이다. 커뮤니티 케어라는 단어가 생소할 뿐, 사회복지의 궁극적 목적에 가까운 사업이라고 생각한다. 지역사회community에서 돌봄care을 수행하기는 사회복지 실천 역사에서 오랜 염원이었고, 일선 사회복지사는 묵묵히 그 일을 해왔다. 사회복지 현장에서 커뮤니티 케어를 실현할 수 없었던 것은 정치, 제도, 인식 등 우리의 사회복지 환경과 현실이 그만큼 동떨어졌기 때문이다.

사회복지 정책의 혁신은 사람과 환경의 관계를 바탕으로 종전 정책을 계승·발전하며 장기적인 혁명의 관점에서 추진해야 한다. 그 혁명은 중앙정부와 지자체, 공공과 민간을 가리지 않고, 보편적이고 평등하게, 냉철하고 과감하게 추진했으면 한다. 인류 역사를 바꾼 혁명적 사건은 수많은 시간을 거쳐 문제를 개선하고 환경에 적응한 결과임을 결코 잊어선 안 된다.

매뉴얼대로
살아간다면

　전 세계가 코로나19로 한바탕 홍역을 치르고 있다. 이처럼 예상치 못한 재난이 발생했을 때 가장 빛을 발하는 게 매뉴얼이다. 매뉴얼은 재난 상황을 가정하고 분야별 담당과 책임을 규정함으로써 급한 마음에 저지르는 실수를 최소화할 수 있다. 아비규환의 수라장에서 많은 사람을 한꺼번에 대피시킬 때도 매뉴얼은 필수다. 평소 TV를 켤 때 매뉴얼을 보는 사람은 없지만, 집에 불이 났을 때 베란다에 설치된 완강기를 사용하려면 매뉴얼을 읽어야 한다. 자주 일어나지 않는 사고에는 즉각 실행에 옮길 완벽한 매뉴얼이 있어야 소중한 생명을 지킬 수 있다. 소 잃고 외양간 고치는 일이 없도록 평소 무심코 지나친 매뉴얼을 찾아 읽어보자.

　매뉴얼 하면 일본을 빼놓을 수 없다. 일본은 첫째도, 둘째도, 셋째도 매뉴얼이다. 지진이 나면 10초도 안 돼서 방송에 재난 경보가 뜨고, 1분 만에 뉴스 속보로 넘어간다. 평소 훈련한 매뉴얼에 따라 일사불란하게 대처하는 모습을 보면 경외심마저 든다. 그 옛날 일본에는 비 오는 날 좁은 골목에서 우산을 든 두 사람이 마주쳤을 때 어느 쪽이 먼저 비켜야 하는지 정해져 있었다고 한다.

2020년 1월, 수천 명을 태운 일본 크루저에서 코로나19 확진자가 발생했다. 전 세계적으로 대유행하는 코로나19에 일본도 예외일 수 없었다. 도쿄올림픽을 코앞에 둔 상황에서 방역 당국의 대응에 관심이 집중될 수밖에 없었다. 그런데 어찌 된 영문인지 일본 정부의 대응은 매뉴얼 1등 국가다운 모습이 아니었다. 방역 당국은 본토 내 코로나19 바이러스 확산을 우려해 크루저를 요코하마橫濱에 정박시키고 탑승객의 하선을 금지한 채 한 달 가까이 격리했다.

전문가들은 크루저와 같이 밀폐된 환경에서는 환기구를 통해 바이러스가 확산하기 쉬워 감염 위험이 크다며 탑승객을 즉시 하선시켜야 한다고 목소리를 높였다. 일본 정부는 꿈쩍하지 않았다. 속절없이 시간만 보내고 우왕좌왕하는 사이에 700명이 넘는 확진자가 발생하고, 일본 국민과 영국 국적 탑승객 6명이 사망했다. 철저한 매뉴얼을 가지고 지진 같은 재난에 의연하게 대처하던 일본이 낯선 바이러스 앞에서 허둥지둥한 것이다. '매뉴얼의 나라' 일본에 과연 어떤 속사정이 있었는지 자못 궁금하다.

일본에는 다양한 매뉴얼이 존재하는데, 메이와쿠迷惑 문화 때문이다. 메이와쿠는 '민폐'라는 뜻으로, 일본인은 어릴 때부터 '타인에게 민폐를 끼치면 안 된다'고 교육받고 자란다. 매뉴얼을 심하다 싶을 정도로 꼼꼼하게 만든 것도 '서로 민폐를 끼치지 않기 위해', 다시 말해 '서로 책임질 일을 만들지 않기 위해서'다. 일본에서는 "선례(매뉴얼)가 없다"가 가장 무서운 말이다. 아무리 합리적이고 기대 이익이 커도 선례가 없으면 꿈쩍하지 않는 나라가 일본이다. 선례를 만드는 순간, 그에 따른 결과를 책임져야 하기 때문이다. 한국에서는 시키는 일만 하면 욕을 먹지만, 일본에서는 시키지 않은 일을 하면 욕을 먹는다.

날이 갈수록 복잡해지는 세상에 서로 책임질 일은 되도록 하지 않는 게 좋다. 그러려면 아무래도 매뉴얼을 만들어 그대로 지키는 게 상책이다. 그런데 예상치 못한 일이 발생했을 때, 너무 매뉴얼에 의존하다 보면 오히려 낭패를 당할 수 있다. 매뉴얼은 일어날지 모를 일을 예상해서 만든 것이기에 이론적이고, 현실은 언제나 상상을 초월한다. 세월호에서 선장과 승무원들이 배를 버리고 가장 먼저 탈출할 거라고 누가 상상이나 했겠는가? 매뉴얼이 없는 것도 문제지만, 있어도 지키지 않으면 무용지물이다.

사회복지 분야는 매뉴얼로 시작해서 매뉴얼로 끝난다고 해도 과언이 아니다. 공공서비스인 사회복지를 민간에게 위탁하는 형식이다 보니, 공무원이 만든 매뉴얼을 민간 사회복지사가 따르면 되는 구조다. 매뉴얼대로 하면 책임질 일이 없겠지만, 그렇지 않으면 문제가 발생했을 때 책임이 따른다. 그래서일까? 언제부턴가 사회복지사도 매뉴얼대로 일하고, 매뉴얼에 없는 일은 시도하지 않는다. 다른 목적(?)이 있으면 모를까, 시키지 않은 일을 한다고 이득 될 게 없기 때문이다.

사람들이 사회복지사를 공무원으로 착각하는 것도 무리는 아니다. 사회복지 분야가 매뉴얼이 잘 갖춰졌다는 건 사람들이 보기에 업무 체계가 잘 잡혔다고 할 수 있다. 하지만 일선 사회복지사가 썩 좋아할 일은 아니다. 사회복지 현장의 수많은 매뉴얼이 단지 업무를 효율적으로 처리하기 위해 존재할까? 나는 아니라고 본다. 문제가 발생했을 때 관리 · 감독하는(매뉴얼을 만든) 사람이 책임을 회피하기 위한 목적도 분명히 있기 때문이다. 실제로 어느 사회복지 기관에서 무슨 사고라도 나면 매뉴얼이 강화된다. 그리고 강화된 매뉴얼만큼 사회복지사의 생각은 경직되고, 행동은 소극적으로 변한다.

> 사회복지사는 인본주의 · 평등주의 사상에 기초하여, 모든 인간의 존엄성과 가치를 존중하고 천부의 자유권과 생존권의 보장 활동에 헌신한다. 특히 사회적 · 경제적 약자들의 편에 서서 사회정의와 평등, 자유와 민주주의 가치를 실현하는 데 앞장선다.
>
> 사회복지사 윤리 강령 전문

사회복지사 윤리 강령을 읽으면 참 많은 생각이 든다. 인본주의, 평등과 자유, 사회정의와 민주주의, 헌신…. 사회복지사와 잘 어울릴 것 같은 미사여구가 나열돼 보기 좋을지 모르지만, 가슴에 와닿지 않는다. 윤리 강령도 일종의 매뉴얼이다. 매뉴얼에 갇힌 사회복지사의 삶이 과연 자유와 정의를 말할 수 있을지 의문이다. 여기에 적힌 자유나 평등은 사회복지사의 것이 아니다. 사회복지사는 그저 매뉴얼에 따라 자유와 정의를 위해 헌신하라는 말 같다. 새삼스럽지만 이 세상 어디에도 사회복지사를 위한 자유와 정의는 없는 듯해 씁쓸하다.

사회복지사의 자유와 정의…. 많은 생각이 맴돌지만, 내 미천한 철학적 사고로는 뭐라 말할 처지가 안 된다. 칸트가 그 질문에 던진 답을 우연히 책에서 발견했다. 칸트는 "사람은 누구나 존중받을 가치가 있다"고 했다. 인간은 이성적 존재이기 때문이다. 인간은 자율적 존재이며, 자유롭게 행동하고 선택할 능력이 있다고도 했다. 그가 말하는 자유롭게 행동한다는 건 자율적으로 행동하는 것이다. 자율적으로 행동한다는 건 내가 나에게 부여한 법칙(이성)에 따라 행동하는 것이다.

칸트의 철학을 읽다 보니 매뉴얼은 자율적으로 행동하는 것과 반대 개념이다. 매뉴얼은 타율적이다. 내가 타율적으로 행동한다는 건 나의 밖에서 주어진 목적에 따라 행동한다는 뜻이다. 사회복지사가 대학에서 사회복지 윤리와 철학을 아무리 공부했다 한들, 현장에서 매뉴얼대로 일하면 사회복지가 추구하는 목적의 도구가 될 뿐이다. 칸트는 공리주의를 거부한다. 공리주의는 인간을 전체의 행복을 위한 도구로 보기 때문이다. 칸트가 인간의 존엄성을 존중한다는 말은 인간을 목적으로 취급한다는 뜻이다.

사회복지사 윤리 강령을 만든 이들이 보편적 인권을 믿는 사람이라면 공리주의자는 아닐 것이다. 인간은 누구나, 어디 살든 존중받을 가치가 있다면, 집단적 행복의 도구로 취급돼선 안 된다. 사회복지사도 예외일 수 없다. 칸트는 소수가 만든 사회복지의 매뉴얼이 다수의 행복에 이바지한다고 해서, 또 사회복지사의 인권을 희생하며 얻는 것이라면 정의가 아니라고 말한다.

매뉴얼이 있어도 문제, 없어도 문제라면 우리는 이런 이중성을 어떻게 극복할까? 그것은 칸트가 말하는 자유다. 칸트의 자유는 그냥 자유가 아니라 정언명령에 따른 자유다. 사회복지는 공공서비스를 다수에게 제공하는 만큼 기본적인 매뉴얼을 갖추는 게 중요하다. 그러나 현장의 상황 판단에 따른 신속하고 융통성 있고 자율적인 결정이 매뉴얼 갖추기만큼 중요하다. 매뉴얼 만들기가 평상시 담당 공무원의 몫이라면, 위기 상황에 빠른 결정은 현장 책임자의 몫이다. 현장 전문가들이 독자적으로 판단하고 빨리 행동할 수 있도록 권한을 줘야 한다는 말이다.

사회복지 현장 업무가 매뉴얼에 따라 타율적으로 행해진다면 자유도, 정의도 아니다. 자유에는 반드시 책임이 있다. 책임은 떠넘기면서 자유(권한)를 뺏는 것은 양아치나 할 짓이다. 사회복지사의 이성(도덕)과 전문성을 의심하지 않는다면 그에 걸맞은 자유와 권한을 주자. 사회복지사는 행복을 위한 도구가 아니다.

내가 촌놈이 된
이유

　나는 고등학교를 졸업할 때까지 경북 안동에 살았다. 내 고향은 안동 시내에서 버스를 타고 한 시간이나 들어가야 하는 시골이었다. 30년 전 수력발전소가 건설되면서 사라졌지만, 어릴 적 살던 동네가 아직 눈에 선하다. 우리 동네는 윗마을과 아랫마을이 있었는데 나는 아랫마을에 살았다. 입구에 커다란 느티나무가 우뚝 서 있고, 개천을 가로지르는 다리를 건너면 50가구 정도가 사는 고즈넉한 마을이 나온다. 해 질 녘이면 집집이 굴뚝에서 하얀 연기가 피어오르고, 골목 구석구석 감나무며 자두나무, 앵두나무가 있어 사시사철 먹을 게 많았다. 작은 둥지 같던 그 동네가 어릴 적 세상의 전부였다.

　나는 초등학교에 들어가기까지 윗마을에 가본 적이 없다. 작은 언덕배기 하나 넘으면 되는 이웃 마을이지만, 어린 나이에 딱히 갈 일이 없었기 때문이다. 어린 나에게 윗마을은 미지의 세계였다. 학교에 갈 나이가 돼서야 내 작은 세상을 벗어날 수 있었다. 학교는 윗마을을 지나 한 시간 가까이 걸어가야 했다. 처음 가본 윗마을은 다른 세상이었다. 사람들도, 집 모양도, 풀과 나무도 낯설고 신기했다.

학교에 가보니 미지의 세상은 훨씬 더 많았다. 한 시간도 안 되는 거리에 있는 우리 마을은 아무것도 아니었다. 두 시간 넘게 걸어서 학교에 오는 친구도 있었는데, 그 친구는 항상 나보다 일찍 등교했다. 전교생이 50명도 안 되던 초등학교는 내가 졸업하고 얼마 지나지 않아 폐교했다. 중학교는 읍내에 있어 버스를 타고 다녔고, 고등학교는 그보다 먼 시내에 있어서 3년 동안 자취했다. 나는 대학생이 되어 안동을 떠났다. 그렇게 더 크고 새로운 지역사회를 만나면서 점점 어른이 돼갔다.

지금까지 이야기를 보면 나는 그냥 촌놈이다. 중학생 때는 읍내에 살던 친구들이 나더러 촌놈이라고 했다. 읍내에는 중국집도, 오락실도 있으니 그렇다고 치자. 고등학교에 가니 시내에 사는 친구들이 또 그랬다. 시내에는 아파트가 많고, 극장과 시외버스터미널도 있으니 인정. 대학교에 가니 서울에 사는 놈들이 나보고 촌놈이랬다. 그 녀석들은 서울 사람이 아니면 다 촌놈이라고 한다. 나는 늙어 죽을 때까지 영문도 모른 채 촌놈으로 살아야 할 팔자인가 보다.

나는 어쩌다 촌놈이 됐을까? 어릴 적 살던 동네가 시골이어서? 중학교와 고등학교는 나름 시내에서 다녔는데⋯. 시골은 아랫마을까지일까, 읍내까지일까, 아니면 안동 전체일까? 무슨 기준으로 도시와 시골을 나누지? 아랫마을은 시골이고, 중국집과 아파트가 있으면 도시일까? 내가 살던 지역사회는 어디일까? 초등학생 때까지 아랫마을이고, 중학생 때 읍내, 고등학생 때부터 안동 전체가 나의 지역사회일까? 지금은 제주에 사니 현재 지역사회는 제주일까, 아니면 대한민국? 지구촌?

나는 직업이 사회복지사고 오랜 시간 지역사회 복지 일을 해왔지만, 일터인 지역사회에 대해 잘 모르는 것 같다. 사회복지사는 지역사회가 너무나 친숙한 나머지 별 관심을 두지 않기도 한다. 심지어 대학에서 지역사회 복지를 가르치는데, 학생들 볼 면목이 없다. 많이 늦은 감이 있지만, 이제라도 지역사회에 대해 제대로 알아야겠다는 생각이 들었다. 이참에 사회복지사로서 명예를 되찾고, 교수로서 체면도 세워야겠다. 그러다 보면 내가 어쩌다 촌놈이 됐는지 저절로 밝혀지지 않을까 싶다.

'지역사회'는 일반인이 잘 쓰지 않는 말이다. 공무원이나 사회복지사가 아니면 평소 이 단어를 쓸 일이 별로 없다. 그런데 요즘 코로나19로 지역사회라는 말이 자주 들린다. 정부가 코로나19의 지역사회 감염을 막겠다며 사회적 거리 두기를 시행하면서부터다. 한동안 인터넷 포털 사이트에서 '지역사회'라는 검색어가 실시간으로 오르내리기도 했다. 사람들도 지역사회가 무엇인지, 어디까지인지, 사회적 거리는 얼마나 둬야 하는지 궁금하긴 마찬가지인가 보다. 나도 지역사회를 검색했지만, 헷갈리기만 하고 뾰족한 답을 얻지 못했다.

사람마다 지역사회에 대한 생각이 달라서인지 사회적 거리 두기도 제각각이었다. 아예 집 밖으로 나가지 않는 사람, 가족과 친구, 지인은 괜찮다고 믿는 사람, 내가 사는 지역사회를 떠나 다른 지역사회(제주)로 가는 사람, 다른 지역사회(외국)에 살다가 해열제를 먹어가며 원래 지역사회(한국)로 돌아오는 사람…. 각자 기준은 다르지만, 자신이 사는 지역사회를 지키고자 하는 마음은 같았으리라 믿고 싶다.

방역 전문가는 아니지만, 방역 당국의 노력에도 코로나19가 여전히 기승을 부리는 원인이 사람마다 천차만별인 지역사회에 대한 인식에 있다고 본다. 앞서 말했듯이 지역사회는 사람마다 다른 인식과 생활환경, 문화적 특성에 따라 그 개념이 달라진다. 우리나라에는 5000만 개가 넘는 지역사회가 존재하는지도 모른다. 각자 다른 지역사회에 사는 셈인데, 일정한 기준도 없이 일률적으로 개인의 지역사회를 통제하기란 불가능할 것 같다. 우리는 지금 마주하는 지역사회의 위기를 어떻게 극복할까?

방역은 방역 전문가에게, 지역사회는 지역사회 전문가에게 맡기면 되지 않을까? 사회복지사를 지역사회 전문가라고 하기는 부족하지만, 아니라고 하기도 자존심이 상할 일이어서 지역사회가 무엇인지 제대로 알아둘 필요가 있다.

지역사회는 사전적 의미로 '지역local'과 '사회society'의 합성어다. 지역은 땅의 경계, 즉 산이나 강, 하천 등 자연환경에 따라 구분되는 지리적 의미가 있다. 현대사회에서는 국가 단위나 정치적·행정적 영역으로 구분되기도 하고, 역사적으로 같은 문화나 민속, 경제활동 지역으로 구분되기도 한다. 사회는 사람들이 무리 지어 거주하는 집단이나 환경으로, 일정한 가치관과 규범, 문화 등을 공유하면서 법과 제도를 갖추고 질서를 유지하며 생활하는 집단이나 공동체를 의미한다.

여기서 지역사회의 두 가지 중요한 특성을 찾을 수 있다. 바로 지역성locality과 공동체성communal nature이다. 과거에는 사람들이 촌락을 이루며 살았기에 지역의 경계가 비교적 명확했다. 인간관계도 혈연과 지연, 경제활동을 통해 다른 지역사회와 확연히 구별되는 공동체적 특성이 있었다.

오늘날에는 교통과 통신이 발달하면서 지역의 경계가 무너지고, 사회는 회사나 도시, 국가, 조직, 정당 등 다양한 형태로 나타난다. 계약이나 협정 때문에 인간관계마저 인위적이고 일시적인 공동체로 변모하고 말았다. 그야말로 '공동체'라는 말이 무색할 정도다. 오늘날 지역사회는 인위적이고 행정적·정치적 지배의 단위로 사용될 뿐, 큰 의미가 없다. 크게는 국가나 민족국가의 형태로 나누거나 그 속에서 행정적 구분, 즉 특별시·광역시·도·시·읍·면 형태로 사용되는 것이 요즘의 지역사회다. 이렇게 인위적인 구획을 진정한 지역사회라고 할 수 있을까?

독일의 사회학자 페르디난트 퇴니에스Ferdinand Tönnies는 전통적으로 다른 사람과 공감을 통해 자연적으로 결합한 집단을 '공동사회Gemeinschaft(community)', 개인이 자기 목적을 달성하기 위해 인위적으로 결합한 집단을 '이익사회Gesellschaft(society)'라고 했다. 사회는 공동사회에서 이익사회로 발전한다고도 주장했다.

실제로 우리가 사는 세상은 그렇게 변했다. 퇴니에스의 말처럼 현대사회는 이익사회가 지배한다. 이익사회에는 공동체가 없고,

공동체를 대신할 조직association이 있을 뿐이다. 지금 우리가 사는 지역사회는 전통적 의미의 공동체는 온데간데없고, 이익을 위해 뭉친 조직이 난무한다. 상황이 이런데도 우리는 지역사회를 커뮤니티라고 말한다. 조직만 있고 공동체가 없는 지역사회를 낯 뜨겁게 커뮤니티라고 부르는 것이다.

나는 코로나19가 지금까지 기승을 부리는 원인이 지역사회에 대한 올바른 인식이 없었기 때문이라고 본다. 공동체 정서community sentiments가 없는 지역사회는 진정한 지역사회라고 볼 수 없기 때문이다. '나 하나쯤이야 괜찮겠지' '정부가 알아서 하겠지' '나만 아니면 돼' 같은 이기주의가 이번 사태를 크게 만들었다. 더 안타까운 건 정부가 이런 지역사회를 보는 관점이다. 정부는 코로나19의 지역사회 확산을 막기 위해 중국이 우한武漢을 폐쇄한 것처럼 대구를 폐쇄했고, 제주특별자치도는 대구에서 오는 비행기를 막았다.

나는 그게 무슨 의미가 있나 싶었다. 그 와중에도 갈 사람은 가고, 올 사람은 어떻게든 오는데 말이다. 이는 바이러스의 지역사회 확산을 막고자 한 조처가 아니라, 더 책임질 일을 만들지 않겠다는 발상이었다. 지역사회가 반드시 도시와 국가, 육지와 바다를 나누는 경계를 의미하지 않는데도 인위적으로 선을 긋고 만든 지역사회를 통제할 수 있다고 생각했다면 정말 답답한 일이다.

언제부턴가 신자유주의 이데올로기가 강조되면서 국가 재정 부담을 축소하는 방안으로 지역사회를 활용하는 것이 정책적 관심사가 됐다. 지역사회를 관리와 통제의 대상으로 보니 공동체는 거추장스럽고 정책을 추진하는 데 방해가 될 뿐이었다. 결과적으로 신자유주의는 지역이기주의를 부추겼다. 사회정책이 공동체에는 관심 없고 실적과 책임 회피에 관심이 있는데 지역사회가 제대로 기능할 리 없다. 공동체 정서를 잃어버린 지역사회는 쭉정이에 불과하다.

그나마 최근에 사회복지관이나 지역 자생 단체가 지역사회의 공동체를 회복하려고 노력하지만, 공동체를 닮은 조직을 위한 조직화에 매진하는 것 같아 안타까울 따름이다. 공동체 회복은 말 그대로 원래 있던 공동체를 회복하는 것이지 새로운 조직을 만드는 게 아니기 때문이다. 공동체 회복을 위한 사회복지사의 노력을 폄훼하는 게 아니다. 우리가 일하면서 '지역사회'와 '공동체'에 대한 근본적인 이해가 선행돼야 한다는 의미다. 우리가 살고 일하는 지역사회가 잃어버린 것이 무엇인지 진지하게 고민할 때다.

서울에 사는 친구들이 놀러 와서 제주에 대해 잘 모르면 '서울 촌놈'이라고 놀린다. 서울 같은 대도시를 지역의 관점에서 보면 틀린 말일 수 있지만, 사람이 모여 사는 작은 공동체의 집합으로 보면 틀린 말이 아니다. 개인은 혈연관계든, 지역이나 이익 관계든 모두 공동체에 소속된다. 그 공동체가 서울에 있든, 안동에 있든, 제주에 있든 우리는 모두 마을(村)에 사는 촌놈이다. 촌놈은 마을 사람, 다시 말해 주민이다. 도시와 시골도 별것 아니다. 사람들이 모여 사는 마을이 빽빽이 붙어 경계가 불분명해지면 도시, 듬성듬성 떨어져 있으면 시골이라고 부르지만, 각각의 공동체를 놓고 보면 다 같은 마을이다.

세상이 워낙 각박해지다 보니 전통적 의미의 공동체는 사라지고, 지역사회도 어디가 어디인지 모르고 사는 이상한 사회가 됐다. 주민도 그 지역에 사는 사람(住民)일 뿐, 지역사회의 주체가 되어 공동체를 지켜가는 진정한 주민主民은 없는 것 같다.

코로나19 방역 대책도 사회적 거리 두기니, 생활 속 거리 두기니 지역사회의 경계가 모호한 정책보다 내가 살고 속한 가장 작은 공동체의 방역이 최선이다. 마을 단위로 소독약을 뿌리자는 게 아니라, 내 가족과 이웃을 먼저 생각하고 배려하는 진정한 공동체 문화를 형성하자는 의미다. 우리가 지역사회를 커뮤니티라고 부르듯이, 지역사회는 내가 주인인 공동체다. 나의 공동체를 지키는 게 우리의 지역사회를 지키는 것이다. 대한민국은 예부터 그런 나라가 아니었나.

ㅇㅈ ㅇ ㅇㅈ
다름을 인정하는 사회

'ㅇㅈ ㅇ ㅇㅈ'은 예전 스마트복지관의 관훈이다. 육지에서 견학 온 사람들은 복지관 사무실 한가운데 떡하니 걸린 초성의 조합을 보고 무슨 뜻인지 궁금해했다. 나는 선뜻 답을 알려주지 않고 그들에게 맞혀보라고 했다. 나의 짓궂은 장난에 사람들은 "오징…어… 어장?" "아자! 아! 아자!" 등등 어처구니없는 대답을 해 웃음바다가 되곤 했다. 'ㅇㅈ ㅇ ㅇㅈ'은 요즘 네티즌이 많이 쓰는 '급식체'다. 단어의 뜻을 풀어보면 "인정?" "어, 인정"으로, 인정하느냐는 질문에 인정한다고 대답하는 말이다. 처음에 사람들은 사회복지사와 복지관의 사명 같은 관훈을 너무 장난스럽게 정했다고 비웃었지만, 그 의미를 들은 뒤에는 이내 고개를 끄덕이며 사회복지관에 딱 맞는 관훈이라고 했다.

중학생이나 쓸 법한 급식체 관훈이 탄생한 비화는 이렇다. 어느 날 스마트복지관 사회복지사들이 둘러앉아 회의하고 있었다. 회의 주제는 생활고에 시달리는 한 가정의 문제로, 분위기가 자못 심각했다. 복지관은 수년간 그 가정에 상담과 생활 지원을 해왔지만, 해결될 기미가 보이지 않고 답답한 상황이 이어졌다. 착하고 성실한 담당 사회복지사는 그날따라 유난히 지쳐 보였다. 이제 그 가정을 위해서 할 수 있는 일이 없다고 자포자기한 심정이었을 것이다.

해결책은 나오지 않고 한숨만 쉬는 분위기에 누군가 무심코 "그 사람은 도대체 왜 그런지 이해할 수 없어!"라고 푸념했다. 그동안 직원들이 노력한 것을 잘 알기에 딱히 할 말이 없지만, 그래도 상사로서 한마디 해야 했다. 의기소침한 직원에게 "그래도 (그 사람은) 살아 있잖아요. 지금까지 잘해왔어요. 사회복지사가 대상자를 이해하려고 하면 해결책을 찾기 점점 어려워져요. 그 사람을 있는 그대로 인정하고 천천히 마음을 열어봅시다"라고 말했다. 결론이 나지 않는 회의는 어색하게 마무리됐다.

그 말이 직원들에게 해답이 되진 못해도 다시 한번 해보자는 동기부여가 됐나 보다. 그날부터 우리는 일이 잘 풀리지 않거나 이해가 안 될 정도로 답답한 문제가 생기면 쿨하게 인정하고 웃어넘겼다. 직원들은 대상자의 드러나지 않는 모습까지 관심을 두고 찾아보기 시작했다. 우연한 계기로 얻은 깨달음을 마음 깊이 새기고자 '서로 인정하고 살자'를 관훈으로 정했고, 젊은 직원들 의견에 따라 요즘 유행하는 급식체로 적어 떡하니 벽에 걸었다.

곰곰이 생각해보면 지난 20년 동안 사회복지를 공부하고 사회복지사로 살아왔는데 '인정'이라는 단어가 참 낯설게 느껴진다. 나는 클라이언트나 지역사회를 이해하려고 애썼지, 인정할 대상으로 바라보지 못했다. 지금껏 클라이언트를 대할 때 그 사람의 문제점을 찾고, 수학 문제처럼 공식을 대입해서 풀려고 했다. 요즘 사회복지가 성과나 실적 중심이 되다 보니 사회복지사 눈에는 세상이 문제투성이로 보이고, 사회복지사는 해결사로 전락한 것 같다. 배고픈 사람에게 먹을 걸 주고, 집이 필요한 사람에게 집을 주고, 돈이 필요한 사람에게 돈을 주는 게 가장 빠른 해결책이고 실적 올리기도 편하니 말이다.

그러다 보니 어려워 보이는 문제는 거들떠보지 않고 비교적 쉬운 문제만 찾게 됐다. 사회복지 예산은 해마다 증가하고 그에 따른 실적과 성과도 많아졌지만, 사회복지가 눈에 보이는 숫자만큼 좋아졌다는 생각은 들지 않는다. 무엇이 옳고 무엇이 그른지 모른 채 사회정의는 점점 주관적 가치에 몰입되고, 사회복지의 가치도 주관적인 성과와 실적에 의존하니 씁쓸하다.

나는 한때 대학에서 지역사회 복지를 가르쳤는데, 학생들에게 지역사회 복지를 어떻게 이해시켜야 할지 막막할 때가 많았다. 지역사회 복지는 정답이 없기 때문이다. 지역사회는 시시각각 변하고, 사람들은 지역사회에서 유기적으로 공존하며 산다. 그런 지역사회와 사람을 대상으로 하는 사회복지를 제대로 이해하기란 어쩌면 불가능한 일인지도 모른다.

사회복지사는 지역사회에서 끊임없이 문제를 발굴하고 해결해야 하는 직업적 사명이 있다. 복잡하고 다양하고 끊임없이 변하는 지역사회의 문제를 해결하려면 세상을 이해하기 전에 인정해야 한다. '인정'이란 말은 왠지 문제를 해결하지 못해서 포기할 때나 쓸 법한데, 알고 보면 전혀 그렇지 않다. 사회복지사에게 '인정'은 주관적인 관점을 배제하는 말이다. 사람은 자신이 배우고 경험한 것을 기반으로 세상을 보기 때문에 상대방을 주관적으로 이해하고 판단하기 쉽다. 하지만 세상에 자신과 같은 사람은 한 명도 없다. 모든 사람이 생김새가 다르듯이 각자의 가치관도 다르다는 걸 인정하자는 말이다. 다름을 인정하면 세상을 제대로 바라볼 수 있다. 사회복지사에게 인정은 존중이고, 존중이 요즘 말하는 맞춤형 복지가 된다는 걸 새삼스레 깨닫는다.

황희 정승의 유명한 일화에서 보듯, 세상에 틀린 사람은 없다. 각자의 가치관에 따라 살아갈 뿐이다. 사회복지사가 사람을 문제투성이로 봐서 문제지, 사실은 상대적인 다름이 아닐까. 사회복지사가 사람을 이해할 수 없다는 핑계로 포기하고 회피하는 건 부끄러운 일이다. 이는 사회복지사가 상대방을 인정하지 않는다는 말과 같기 때문이다. 다름을 인정하고 존중하는 것, 'ㅇㅈ ㅇ ㅇㅈ'의 사회복지적 해석이다.

지역사회와 복지
그리고 공동체

　　바다낚시를 좋아하는 낚시꾼에게 제주만 한 곳이 없다던데, 나는 제주 바닷가에 살면서 죽어라 일하느라 4년 동안 낚싯대 한 번 드리우지 못했다. 그러다 백수 생활을 하면서 육지에 사는 처남이 보내준 낚싯대를 들고 집 앞 포구에 몇 번 나갔다. 나 같은 초보 낚시꾼에게 물고기가 잡힐까 싶었는데, 운 좋게 눈먼 돌문어 몇 마리를 잡아 가족과 맛있게 먹었다. 사람들은 대부분 물고기가 잡히는 순간 짜릿한 손맛에 낚시한다고 들었다. 내가 낚시를 해보니 무념무상 시간 보내기에 이만한 게 없었다. 제주에서 겪은 일을 정리하고, 앞으로 어떻게 살아야 할지 고민도 했다. 낚시는 백수 생활의 꽃이다.

　　그날도 낚싯대를 바다에 던져놓고 시간을 보내는데, 문득 지금까지 내가 해온 사회복지 일이 낚시와 비슷하다는 생각이 들었다. 물고기를 잡기 위해 반드시 물속으로 들어가야 하는 건 아니지 않은가. 그동안 나는 지역복지를 한답시고 지역사회 밖을 기웃거릴

뿐, 한 번도 그 안으로 들어가려고 하지 않았다. 나는 사회복지라는 낚싯대에 프로그램이라는 미끼를 달아 지역사회(바다)에 던져놓고 물고기(주민)가 잡히기만 기다렸다. 그러다 입질(접수 혹은 성과)이 없으면 미끼를 바꿔보고, 여기가 아니다 싶으면 다른 포인트(다른 지역사회)로 옮겨가며 지역복지 일을 했다.

시간이 지나 사회복지 실천 기술이 발달하면서 물고기를 잡는데 낚시보다 그물(네트워크)이 효과적이라는 걸 알고, 어느 순간부터 여럿이 힘을 합쳐 그물을 던지는 게 일상이 됐다. 하지만 여전히 사각지대는 존재했다. 최근에는 국가가 커다란 배를 만들어 여러 개 그물로 바닥까지 훑고 다니려는 움직임도 보인다.

정부가 만든 최신 고기잡이 기술이 커뮤니티 케어 정책이다. 커뮤니티 케어 정책은 공급자 중심 사회복지 전달 체계에서 벗어나지역사회 중심 전달 체계로 전환하는 게 골자다. 주민 네트워크를활용해 돌봄이나 서비스가 필요한 사람이 지역사회에서 주민과어울려 살아가는 사회를 만들겠다는 것이다. 그러자 민간 사회복지 낚시꾼이 자기 물고기를 다 잡는다며 아우성이다. 사람이나 동물이나 먹고사는 문제에서 양보란 없다. 사회복지가 언제부터 제공하는 사람의 먹고사는 문제가 됐는지 의문이다.

최근에는 사회복지가 '사회 안전망'이라는 개념으로 떠오르면서 정책을 설명하기 위해 그물net로 물고기 잡는 예를 많이 든다. 사회복지를 고기잡이에 비유하는 게 나의 엉뚱한 상상이 아니란말이다. 지금까지 우리나라 사회복지 전달 체계는 공무원이나 사회복지사가 공급자의 권위를 가지고 백화점식으로 복지 서비스를 만들고, 주민이 와서 찾아가기를 기다리는 방식이었다. 사회복지 서비스의 이런 수요와 공급 관계에서 주민의 권리 의식은 낮아질 수밖에 없다.

지난 10년 동안 내가 해온 사회복지가 갯바위 낚시라면, 제주 스마트복지관에서 다시 시작한 사회복지는 바다목장에 비유할 수 있다. 바다의 일정 구역을 자연적인 상태로 관리해 어패류나 조류 같은 수산자원을 증식·양식하는 곳이 바다목장이다. 사회복지사가 뭍에 있을 때는 잘 몰랐는데, 물속(지역사회)에 들어오니 비로소 사람의 생태계(공동체)가 보였다. 전통적으로 공동체는 마을을 형성하면서 발전했다.

우리가 거주하는 마을은 영어로 빌리지village 혹은 타운town, 한자로 동리洞里라 한다. 동리는 '같은 우물물을 마시고 전답에서 농사지으며 함께 사는 마을'이다. 전통 지리학적 관점에서 마을은 큰길, 어귀, 샛길, 안길, 골목 등 길과 길이 연결된 공간으로 이해했다. 마을을 소우주(혹은 네트워크)로 보고, 마을과 사람 그리고 공간이 연결된 공동체로 이해했다. 풍수지리 관점에서 본 마을도 구성원의 호혜적 관계가 형성된 사람 중심 공동체, 공간과 공간이 연결된 공간 공동체, 자연에 순응해 더불어 살아가는 생명 공동체의 특징이 있다. 이렇듯 우리가 사는 마을은 물리적 환경보다 사람과 자연, 공간이 공존한다는 의미가 크다.

최근 이런 공동체를 회복하기 위해 '마을 만들기'라는 지역사회 복지 정책이 핵심 이슈 가운데 하나다. 그러나 마을 만들기와 관련된 지역공동체가 전통적으로 어떻게 형성돼왔는지 모르는 채,

지자체가 아이디어 경쟁을 하듯 시범 사업이 난무하는 듯하다. 루이스 멈퍼드Lewis Mumford는《역사 속의 도시The City in History》에서 공간을 오랜 역사적 과정에서 이해해야 한다고 했다. 어느 날 우리가 사는 공간인 마을은 사라지고, 사는 곳을 물어보면 동네 이름 대신 아파트 이름을 말한 지 오래다. 이런 상황에서 공동체의 가치를 찾기란 쉽지 않다.

사회복지사는 공동체를 디자인하는 사람이다. 나도 제주 스마트복지관을 통해 마을로 들어와 살면서 깨달은 사실이지만, 지역사회에는 지금까지 전통적으로 내려오는 자연 마을이 있다. 우리가 지도상으로 아는 동네(행정동)는 주민 공동체와 거리가 멀었다. 예부터 자연 마을로 구성된 공동체는 살아보지 않으면 그 가치와 고유문화를 찾기 힘들다. 진정한 지역공동체의 가치는 정부의 행정적 정책에 따라 형성되지 않는다. 시간이 흐르면서 전통과 다양한 생활양식에 따라 공동체 의식이 생기고, 그 과정에 새로운 규범과 조직이 구성되면서 만들어진 것이 풀뿌리 지역공동체고, 이것이 진정한 지역 자치를 이끌어가는 힘이다.

사회복지사라면 정부에서 추진하는 커뮤니티 케어 정책 같은 지역사회 중심 복지 전달 체계의 필요성에 모두 공감할 것이다. 일각에서는 커뮤니티 케어 정책이 사업에 대한 공감대만으로 추진하기 어려울 거라는 우려도 적지 않다. 국가가 주도적으로 추진하는 복지 정책에 사람들이 우려를 표하는 이유는 사회복지를 민심을 낚기 위한 정치적인 피싱phishing으로 인식하기 때문이 아닐까 싶다. 정치인이야 급한 마음에 사회복지를 잠깐 권력을 얻는 수단으로 생각할 수도 있겠지만, 일반인마저 사회복지를 정치적 조롱거리로 생각한다면 큰일이다. 앞으로 사회복지, 특히 지역사회 복지는 정책을 만드는 사람이든, 서비스를 제공하는 사람이든, 받는 사람이든 모두가 진심으로 신뢰하고 공감하고 참여하는 복지였으면 좋겠다.

사족

지역사회와 사회복지를 낚시에 비유하다니, 그렇다면 사람이 물고기고 사회복지사는 낚시꾼이냐고 호통을 칠 수도 있겠다. 내가 생각해도 여간 민망한 비유가 아니다. 파도가 잔잔한 포구에 낚싯대를 던져놓고 '물멍'을 하다 보면 별의별 생각이 든다. 낚시를 오래 하다가 나는 몽상가가 될지도 모르겠다.

푸른 눈 돼지 신부의
유산

　　1954년 4월, 아일랜드 출신 젊은 신부가 제주에 왔다. 당시 제주는 한국전쟁과 4·3사건의 아픔이 가시지 않은 터라, 사회 혼란과 기근으로 처참했다. 머나먼 타국에서 온 신부는 이 척박한 땅에서 도민의 가난을 해결하기 위해 묘책을 짜낸다. 그는 인천으로 가서 새끼를 품은 암돼지 한 마리를 가져왔다. 돼지가 자라 새끼 10마리를 낳자, 아이들에게 나눠주며 돼지가 새끼를 낳으면 한 마리만 돌려달라고 했다. 이 돼지는 해마다 3만 마리를 생산하는 동양 최대 양돈 목장의 씨앗이 된다.

　　'푸른 눈의 돼지 신부' 패트릭 맥그린치Patrick James McGlinchey(한국명 임피제) 이야기다. 맥그린치 신부는 2018년 4월, 향년 90세를 일기로 세상을 떠났다. 64년 동안 제주에 살면서 도민과 함께 가난을 극복하고, 교육과 사회복지 분야에서 선구자 역할을 한 그의 선종 소식에 많은 사람이 슬픔에 빠졌다. 전쟁과 사회 혼란으로 희망마저 잃어버린 이국땅에서 맥그린치 신부가 희생하지 않았다면 지금의 제주는 없었을지도 모른다. 제주는 그의 희생으로 냉전 시대 반목의 역사와 지독한 가난을 딛고 일어나 지금은 아일랜드보다 잘사는 섬이 됐다.

통계청이 2017년 발표한 제주 지역 농가 소득은 가구당 5292만 원으로 광역시를 포함한 전국 9개 시도 평균 3824만 원보다 38.4%(1468만 원)나 높은 것으로 나타났다. 맥그린치 신부의 뜻대로 지난 반세기 동안 도민의 먹고사는 문제는 완전히 해결됐으나, 지금 제주는 그분이 살아생전 꿈꾸던 모습은 아닌 듯하다.

씨돼지 한 마리로 시작한 양돈 산업은 비약적으로 발전했지만, 일부 악덕 양돈업자가 무단 방류한 축산 폐수로 제주의 생명수인 용천수를 다시는 마실 수 없게 됐다. 제주는 농가 소득뿐만 아니라 농약과 화학비료 사용량도 전국 최고 수준이다. 영농 폐기물이 더는 도내에서 처리되지 않을 지경이다. 관광 활성화 명분으로 시작한 각종 개발 사업으로 울창하던 삼나무 숲과 곶자왈*이 사라지고, 드넓은 초원이 있던 땅에는 골프장과 리조트가 들어섰다. 자연 방파제 역할을 하는 해안사구 숨부기왓 위로 거미줄처럼 해안도로를 만들어 해변의 모래가 사라지고 용천수는 말랐다. 해군기지와 제2공항 건설에 따른 갈등으로 가족처럼 지내던 마을 사람이 철천지원수가 됐고, 도 전체가 찬성과 반대로 나뉘었다.

2018년은 맥그린치 신부가 제주에 온 지 64주년이 되는 해였다.

---

* 나무와 덩굴식물, 암석 등이 뒤섞여 수풀처럼 어수선한 곳.

고향보다 이역만리에서 오래 살다 간 외국인 신부가 꿈꾼 세상은 어떤 곳이었을까? '잘 먹고 잘사는' 세상만은 아니었을 것이다. 맥그린치 신부는 먹고사는 문제가 어느 정도 해결되자 장기적인 프로젝트를 시작한다. 1959년 목장에서 나온 양털을 이용해 옷을 짜는 한림수직을 설립했고, 1961년에는 축산업을 교육할 성이시돌 목장을 세웠으며, 농민에게 사료를 저렴하게 공급하는 사료 공장도 만들었다. 여성 1300여 명을 고용한 한림수직은 일감이 없어 다른 지방으로 떠나야 하는 제주 소녀들을 위한 것이기도 했다.

맥그린치 신부는 목장 수익금으로 주민의 사회복지에 눈을 돌린다. 가장 먼저 가난한 사람을 위해 무료 병원을 개원한다. 당시 하루에 200~300명씩 찾아와 북새통을 이뤘다. 이후에는 말기 암 환자를 돌보는 호스피스 병원과 무의탁 노인을 위한 요양원, 청소년 수련원 등을 설립했고, 목장과 사료 공장 이익금은 지금까지 지역의 사회복지사업에 쓰인다.

"제주다움을 잃지 마라." 맥그린치 신부가 살아생전에 강조한 말이다. '제주다움'이란 무엇일까? 대다수 사람은 청정한 제주의 환경을 보존하는 것이라고 말한다. 나는 사회복지사의 시각으로 제주다움을 찾고 싶다. 그분이 처음 오신 때의 제주를 상상한다. 전란이 휩쓸고 지나간 제주는 황폐한 농촌이었을 것이다. 나라님도 구제하지 못한 가난을 외국인 신부가 어떻게 해결했을까? 의문은 당시 모습이 찍힌 사진 한 장으로 쉽게 풀렸다. 맥그린치 신부를 중심으로 결성된 4H 회원의 모습이 담긴 사진이었다. 그들은 겉모습이 남루했지만, 눈은 희망으로 가득 차 있었다. 동네 아이들은 천진했다.

맥그린치 신부는 당시 상황에 대해 "기술은 좀 모자랐지만, 제주 사람들이 협동심과 성실성이 뛰어났기 때문에 이만큼 성장할수 있었다"라고 회고했다. 그래, 이제야 알 것 같다. 그분이 말한제주다움은 당시 제주 사람들의 협동심과 성실함이다. 좀 더 사회복지답게 표현하면 지역공동체 정신이 아닐까. 사람들은 이국땅에서 희생하는 외국인 신부를 보고 감동했다. 맥그린치 신부는 성당 지을 자재가 없어 공사를 진행하지 못하는 상황이 되자, 인근에 좌초된 목재 수송선을 향해 주민 수백 명이 바다에 뛰어드는모습을 보고 제주다움을 발견하지 않았을까?

노신부가 던진 메시지는 우리가 제주다움을 잃어가고 있다는역설이기도 하다. 그분의 삶을 되짚으면 제주다움을 쉽게 찾을 수있다. 마지막을 함께한 마이클 리어던Michael Reardon(한국명 이어돈)신부는 "맥그린치 신부님은 당신 일이 잘 안 되더라도 옆 목장이나 이웃 사람, 누구든지 잘되면 같이 기뻐하셨다"라고 말했다. 지역공동체는 혼자 이익을 추구하면 절대로 만들어질 수 없다. 지역공동체는 생태계와 같아서 각각의 차이가 연결돼 상호작용을 하며 공생·진화한다.

제주 본래의 지역 생태계와 문화적인 다양성을 보존하고 60여년 전 도민이 협동하며 성실하게 살아온 지역공동체를 되찾는 것이야말로 진정한 제주다움이 아닐까? 지금 내가 사는 지역사회와살아내야 할 사회복지를 다시 생각하게 된다.

내가 바라는
기업의 사회적 책임

10년 전쯤인가, 노인복지관에서 사회복지사로 일할 때 일이다. 어버이날을 맞아 복지관에서 어르신 200여 분을 모시고 기차 여행을 다녀오는 행사가 있었다. 해마다 봄가을이면 노인복지관에서 전세 버스로 단체 관광을 떠나는 일은 흔한데, 그날은 평소보다 일이 커졌다. 코레일(한국철도공사)이 후원하는 행사이기 때문이다.

큰 기업이라 그런지 스케일부터 남달랐다. 우선 코레일은 어르신들의 이동을 위해 전세 기차를 내줬다. 노선에도 없는 기차를 통째로 빌릴 수 있다는 걸 그때 처음 알았다. 코레일은 직원 여러 명을 행사에 투입해, 온종일 어르신들을 쫓아다니며 봉사하게 했다. 덕분에 어르신들은 난생처음 전세 기차를 타고 편안하고 안전하게 봄나들이를 다녀왔다. 복지관은 코레일의 도움으로 예산이나 인력 등 큰 어려움 없이 행사를 치렀다.

그날 이후 코레일은 직원 몇몇이 조를 짜서 한 달에 한두 번씩 봉사하러 복지관에 왔다. 몇몇 직원과 친해진 뒤 알고 보니, 일부 직원은 전날 밤샘 근무를 하고 비번에 봉사하러 온 것이었다. 곰 곰이 생각해보니 기차 여행 때도 직원들 얼굴에 다크서클이 보였다. 기업의 사회 공헌 활동이 아무리 사회적 책임이라고 해도 쉬는 날 등 떠밀려 봉사해야 하는 직원들은 무슨 죄인가 싶었다. 코레일 직원들이 봉사 활동을 소홀히 하지도 않았다. 그 사실을 안 뒤로 코레일 직원들이 복지관에 올 때마다 미안해서 자꾸 눈치를 살피게 됐다.

기업의 사회 공헌 활동은 눈에 잘 띄지 않지만, 사회복지 분야에서 아주 활발하다. 낙후한 복지시설을 큰돈 들여 보수해주고, 평소 잘 사지 못하는 값비싼 장비도 신청하면 뚝딱 지원해준다. 해마다 수십 대씩 지원해주는 자동차는 복지 기관에서 가장 기대하는 기업의 대표적인 사회 공헌 활동이다(수십 대 일의 경쟁을 뚫어야 하는 게 함정이다). 어디 자동차뿐이겠나. 코레일처럼 사회복지 프로그램에 예산과 인력을 지원하기도 하고, 정기적으로 사회복지시설에 찾아와 청소며 빨래, 목욕, 시설·환경 개선 등 온갖 허드렛일을 도맡아주니 여간 고맙지 않다.

실제로 2019년 국내 100대 기업의 사회 공헌 활동 규모는 1조 7145억 원이며, 기업당 평균 약 306억 원을 지출한 것으로 나타났다. 그해 기업 임직원 약 40만 명이 270만 5583시간이나 자원봉사를 했고, 이는 경제적 가치로 환산하면 500억 원이 넘는다니 그 규모가 어마어마하다. 그런데 사람들은 "다 돈 벌려고 하는 거지 뭐" "하기 싫은 일에 억지로 동원되는 거 아니야?" "세금 내는 것보다 백번 낫겠지" "뒤로는 비자금 조성하면서 눈 가리고 아웅이지"라며 기업의 사회 공헌 활동을 보는 시선이 곱지 않다.

그럴 만도 한 것이 사회복지공동모금회는 모금액 70% 이상을 기업의 기부금에 의존한다. 몇몇 대기업이 큰맘 먹고 한 번에 기부한 게 대부분이라는 점이 더 큰 문제다. 중소기업이나 지역을 기반으로 하는 상공인의 기부금도 개인보다 많겠지만, 대기업 기부금에 비하면 새 발의 피다. 성의가 중요하지 큰 기업이 많이 내고 작은 기업이 적게 낸다고 무슨 문제가 있겠나 싶지만, 그게 말처럼 간단하지 않다. 대기업이 통 큰 기부를 할 때는 무슨 사고를 저지른 경우가 많았다. 총수 일가의 자식이 사회적으로 물의를 일으켜 옥살이할 상황이나 내부의 비리 문제가 터져 기업 이미지에 손상이 심할 때, 기업의 사회적 책임이라는 명목으로 큰돈을 기부해온 것이 우연의 일치는 아니라는 생각이 든다.

우리나라 사람들은 '오른손이 한 일을 왼손이 모르게 하는 것'을 미덕으로 여기다 보니, 기업에서 대놓고 하는 사회 공헌 활동은 오해를 사고도 남는다. 나는 기업의 사회 공헌 활동을 자주 접해본 사람으로서 기업이 힘들게 번 돈을 이렇게 욕을 먹어가며 사회에 헌납해야 하는지 의문이 들 때가 많다. 기업의 사회 공헌이 여봐란듯이 큰돈을 내야 하는 건 아닐 텐데 말이다. 일정 규모 이상 되는 기업은 '장애인 고용 촉진 및 직업 재활법'에 따른 장애인 고용 의무와 같이 사회에 이바지해야 할 법정의무가 있지만, 윤리적으로나 도덕적으로 사회적 기대에 이바지해야 할 의무는 없다. 그런데도 기업이 복지 재단을 설립하고 사회 공헌 전담 부서를 설치하면서까지 사회 공헌 활동에 열을 올리는 데는 다른 꿍꿍이가 있는 게 분명하다.

　나는 사회복지사이기 때문에 기업의 사회 공헌 활동을 중요하게 생각한다. 기업의 사회 공헌 사업(일명 '프로포절 사업')을 얼마나 잘 따느냐가 사회복지사의 능력을 판단하는 바로미터이기 때문이다. 그래서 사회복지사는 불확실하고 일방적인 사회 공헌 사업에 1년에도 몇 번씩 프러포즈한다. 특별한 목적이 있어서 기업의 사회 공헌 사업에 목매는 건 아니고, 사회복지사가 된 숙명으로 되면 좋고 안 돼도 그만인 게 기업의 사회 공헌 사업이다.

　나는 지금까지 기업에서 작은 것 하나라도 받아내기 위해 열심히 찾아다녔고, 사회 공헌 사업 담당자와 술도 많이 마셨다. 그렇게 술 한 잔으로 바꾼 후원금으로 실적을 채웠다. 요즘은 기업에서 먼저 연락하는 경우가 많고, 막무가내로 후원 물품을 떠맡기는 때도 있다. 사회 공헌 활동이 기업 이미지 제고와 마케팅 수단으로 활용되는 것쯤은 알았지만, 자꾸 이런 식이면 도움을 받는다는 생각보다 다른 의도가 있는 건 아닌지 의심부터 든다. 이 바닥에서 10년 넘게 일하다 보니 기업의 사회 공헌 사업도 내가 하는 사회복지사업과 마찬가지로 가치와 철학을 잃어버린 건 아닌지 걱정될 때가 많다. 기업은 기업대로, 사회복지 기관은 기관대로 사회적 책임이라는 가면을 쓰지만 다른 목적지를 향해 달려가니 동상이몽이 따로 없다.

　기업의 목적은 누가 뭐래도 이윤 창출이다. 예나 지금이나 기업은 경제 발전으로 일자리 제공과 이윤 극대화를 위해 노력한다.

최근에는 기업 경영이 기초적 운영 수준을 넘어, 사회적 책임을 얼마나 다하는지가 중요한 가치척도가 되고 있다. 기업의 사회적 책임은 크게 두 가지로 나뉜다. 기업 경영 프로세스에 따른 '사회적 책임'과 기업의 '사회 공헌 활동'이다.

기업 경영 프로세스에 따른 사회적 책임은 기업이 제품을 생산·판매하거나 서비스를 제공해서 발생하는 이윤으로 일자리를 창출하고, 기본적으로 사회에 대한 책임을 다하는 것이다. 큰돈을 기부하고 봉사 활동을 하는 것만 기업의 사회적 책임인 줄 알고 사회 공헌 활동에 인색한 기업을 도덕적으로 문제가 있다고 낙인 찍어선 안 된다. 기업은 일자리를 제공하고, 직원과 그 가족의 삶까지 책임지기 때문에 존재만으로 사회에 기여한다고 해도 과언이 아니다.

문제는 기업의 사회 공헌 활동이다. 앞서 말했다시피 기업의 사회적 책임은 상품화·브랜드화한 지 오래다. 기업의 사회적 책임을 마케팅이나 경영전략 관점에서 접근한다는 말이다. 나도 기업이 돈 벌고 사회적으로 이바지할 수 있는 경영전략이야말로 바람직한 방식이라고 생각한다. 그래야 기업이 성장하고 일자리도 많이 창출될 것 아닌가. 기업의 사회적 책임이 경영전략으로는 기업 경영과 밀접한 관련이 있어 보이지만, 뚜껑을 열어보면 기업의 본업과 별개로 진행된다는 게 문제다.

기업이 사회 공헌 활동을 마치 본업을 끝내고 자투리 시간에 하는 자선 활동으로 인식하는 것 같아 안타까울 때가 한두 번이 아니다. 직원들이 밤샘 작업을 하고 봉사 활동에 나오는 것도 그때문이다. 봉사 활동을 해서 얻는 보람으로 피로를 한 번에 날려버릴 수도 있겠지만, 기업의 이미지를 위해 애꿎은 직원들이 업무의 연장으로 사회적 책임을 다하는 게 현실이다.

지난 2012년 일본에서 《儲からないCSRはやめなさい!이득이 되지 않는 CSR은 그만두라》는 책이 화제가 됐다. 기업의 사회적 책임이 목적과 목표를 상실하고 매너리즘에 빠진 것은 일본도 마찬가지인가 보다. 기업이 사회적 책임을 다하면서 돈까지 벌 수 있다면 더할 나위 없겠지만, 어디 말처럼 쉬운가. 그런데 이 책에서는 기업도 얼마든지 자기 일을 하면서 사회 공헌을 할 수 있다고 말한다. 바로 '기업의 본업과 사회적 책임의 통합'이다. 기업의 장점이나 전문 기술을 활용해 사회적 과제를 해결하거나 사회적 약자와 소외 계층을 돕는 프로보노pro bono 활동*으로 인식을 전환할 필요가 있다는 것이다. 그래, 바로 이거다. 기업의 사회적 책임이 기업 본연의 경영 프로세스, 즉 제품이나 서비스를 생산 · 판매하는 과정에서 사회적 가치를 부여한다.

벌이가 되든 안 되든 기업의 사회적 책임의 정확한 의미는 '투명하고 윤리적인 행동으로 기업의 의사 결정이나 활동이 사회나 경제에 미치는 영향에 대한 기업의 책임'이다. 기업의 사회 공

---

* '공익을 위하여'라는 뜻의 라틴어 pro bono publico의 줄임말.
각 분야 전문가들이 전문성을 활용해 공익 차원에서 사회적 약자와 소외 계층을 무료로 돕는 활동.

헌 담당자나 사회복지사는 그 의미를 절대 잊어선 안 된다. 기업이 사회적 책임을 다하는 건 미덕이지만, 사회복지 기관은 사회적 책임을 일로 하는 곳이 아닌가. 사회 공헌에 관해서는 사회복지사가 기업의 담당자보다 훨씬 전문가니까 기업을 물주로 생각하지 말고 기업이 사회 공헌을 가장 잘할 수 있도록 방법을 함께 고민하고 알려주는 것도 필요하다. 이제 기업에서 봉사 활동을 나오는 직원들 눈치 보는 일이 없었으면 좋겠다.

4차 산업혁명과
사회복지 4.0

우리나라 국민 10명 중 9명이 스마트폰을 사용하고, 사회 · 경제 · 산업 분야를 막론하고 스마트 일색이다. '디지털 혁명' '지식 정보혁명'이라 일컫는 3차 산업혁명이 나온 지 불과 몇 년 되지 않았는데, 벌써 4차 산업혁명이 시대적 화두로 떠오른다. 지금은 언제 들어도 낯설지 않은 사물인터넷IoT, 인공지능AI, 로봇 공학, 드론, 무인 자동차, 3D 프린팅, 빅데이터, 가상현실VR, 증강현실AR 등 4차 산업혁명은 우리의 일상이 됐다.

산업혁명은 영국의 사학자 아널드 토인비Arnold Joseph Toynbee가 처음 사용한 말로, 기술 발달에 따른 사회와 경제의 큰 변혁을 일컫는다. 영국에서 일어난 1차 산업혁명은 증기기관의 발명으로 생산과 유통의 변화를 일으켰다. 2차 산업혁명은 19세기 후반부터 20세기 초까지 전기와 컨베이어시스템이 개발됨에 따라 공장의 생산 설비가 자동화 방식으로 바뀌어 노동의 분업과 대량생산이 가능해진 시기다.

3차 산업혁명은 2000년대에 들어서면서 컴퓨터와 인터넷의 발명에 따른 정보 통신 기술의 발달로 새로운 정보 공유 방식이 생기면서 커뮤니케이션의 변화를 가져온 요즘을 일컫는다. 4차 산업혁명은 물리학, 생물학 등 기초과학과 정보 통신 기술의 융·복합으로 이뤄지는 지식 혁명 시대를 말한다. 지금까지 4차 산업혁명은 3차 산업혁명의 연장선이라는 견해가 많고, 2차 디지털 혁명이라고 부르기도 한다.

우리 삶과 가장 밀접한 사회복지 분야는 어떨까? 사회복지도 역사적으로 보면 산업혁명의 산물이라고 할 수 있다. 산업이 발전할수록 빈익빈 부익부 현상은 점점 늘어나고, 가진 자와 없는 자의 갈등이 사회문제가 되자 국가가 정책으로 문제를 해결하려는 노력이 사회복지 제도다. 사회복지를 처음 제도화한 나라는 가장 먼저 산업혁명이 일어난 영국이다.

우리나라도 1960년대 이후 산업화와 경제 발전으로 사회복지가 함께 발전했다. 1990년대까지 사회복지 전달 체계는 정부가 지역 내 사회복지 기관에 보조금을 지원하고, 사회복지 기관은 해당 사회복지 분야별 수요자나 주민에게 서비스를 전달하는 공급자 중심이었다. 이 시기를 1세대 사회복지(사회복지 1.0)라고 말할 수 있다. 1990년 후반 인터넷이 등장하면서 사회복지 정보를 공유하고, 인터넷으로 서비스 신청과 참여가 가능해져 서비스 제공자와 수요자가 쌍방향으로 소통한 시기를 사회복지 2.0이라고 정의할 수 있다. 3차 산업혁명의 기술을 기반으로 개인별 맞춤형 사회복지 전달 체계를 갖춘 것이 최근 사회복지 3.0이다.

겉으로 보면 우리나라 사회복지도 기술 발달과 사회 변화에 따라 시의적절하게 발전한 것 같다. '한강의 기적'이라 불리는 경제 성장만큼 사회복지 제도 역시 빠르게 등장하고 자리 잡은 듯 보인다. 하지만 이는 어디까지나 정책과 제도적인 측면에서 사회복지 수준이 높아진 것이지, 사회복지에 대한 의식은 제도가 발전한 만큼 높아졌다고 말하기 민망한 수준이다.

우리 사회 안전망의 한계를 여실히 보여준 송파구 세 모녀 자살 사건이 불과 몇 년 전에 일어났다. 사람들은 요즘처럼 사회복지 제도가 잘 갖춰진 세상에 세 모녀가 도움을 청할 곳을 찾지 못했다는 사실에 놀랐다. 사회복지 전달 체계가 아무리 발달해도 사람들의 사회복지 의식 수준이 그에 미치지 못하면 무용지물이다. 세 모녀 자살 사건이 일어난 뒤 땜질하듯 법을 개정하고 제도를 정비했지만, 비슷한 사건이 최근까지 계속되고 있다.

사회복지 3.0 시대에 왜 이런 일이 끊이지 않을까? 우리나라 사회복지 분야에서 오피니언 리더로 불리는 사람들은 다가올 4차 산업혁명에 맞춰 사회복지도 4.0 시대를 준비해야 한다고 호들갑을 떤다. 현장에서는 우리나라 사회복지가 언제부터 2.0이 되고 3.0이 됐는지 공감하지 못하는데, 막무가내로 사회복지 4.0을 준비해야 한다니 도무지 이해할 수 없다. 앞서 내가 사회복지를 1.0에서 3.0까지 구분한 것도 사회복지 4.0 이야기가 나온 뒤 정말 그런가 싶어 우리나라 사회복지 역사를 되짚어 끼워 맞춘 것이다.

사회복지 현장의 사정을 조금이라도 아는 사람이라면 쉽게 꺼내기 힘든 말이다. 우리나라 사회복지 제도와 공공복지 전달 체계가 정부의 정책 변화에 따라 나도 모르는 사이에 3.0이 됐는지 모르지만, 민간 영역의 사회복지는 아직 2.0에도 미치지 못한다는 게 사회복지사들의 생각이다. 현장에서 일하는 사회복지사의 생각이 이 정도인데, 사회복지 서비스를 이용하는 국민의 사회복지 인식은 어떨지 짐작이 간다.

지금까지 사회복지 수요자(클라이언트)는 경제적으로 취약하거나 사회적으로 소외된 계층으로 인식하는 경향이 크다 보니 사회복지에 대한 권리 의식이 미약했다. 클라이언트는 정부에서 사회복지 기관으로 이어지는 공급-수요 체제에서 상대적으로 낮은 지위에 놓일 수밖에 없었다. 사회복지 서비스가 맞춤형 전달 체계로 바뀌었다면, 서비스를 받는 시민이 그런 사회복지 제도가 존재한다는 사실을 인지하고 정당하게 이용할 수 있었다면 세 모녀 가정의 비극은 없었을 것이다. 맞춤형 복지 제도가 시행된다는 말을 들은 지 10년은 된 것 같다. 말로 떠들어대는 정책과 제도가 무슨 소용이 있나. 사회복지가 또다시 정치적 생색내기식 4.0으로 업그레이드되는 게 두렵다.

제주에서 스마트복지관을 운영할 때, 사람들의 관심은 온통 스마트에 있었다. 드디어 사회복지관도 4차 산업혁명에 걸맞게 운영되는 시대가 왔다고 생각했나 보다. 그 생각은 반만 맞았다. 스마트복지관은 정보 통신 기술을 바탕으로 사회복지사의 업무 환경을 개선한 수요자 중심 맞춤형 서비스 제공에 특화됐다는 점에서 한 단계 진보한 사회복지관이라고 볼 수 있다. 하지만 정보 통신 기술을 사용하고 수요자 중심 서비스라고 해서 모두 스마트하다고 말할 순 없다. 정보 통신 기술에서 스마트는 연결성을 의미하기 때문이다. 스마트 기술의 핵심이 장치와 소프트웨어의 네트워크 확장을 가능케 하는 클라우드 기반 기술이다. 가상의 클라우드와 실제 장치의 원활한 소통으로 네트워크를 확장하는 게 스마트 기술의 본질이다. 즉 스마트는 독립성이 아니라 상호작용이다.

사회복지 4.0이라고 하니 빅데이터와 인공지능을 기반으로 사회 서비스 이용을 지원하는 정책이나 프로그램을 개발하는 데 몰두하는 것 같아 걱정이다. 새로운 시도는 언제나 나쁜 것은 없지만, 수십 년째 시도를 반복하는 모습에 눈살이 찌푸려진다. 나도 4년 가까이 스마트복지관을 운영해서 사회복지도 스마트하게 해야 한다는 걸 잘 안다. 여기서 스마트는 인공지능 로봇이 아니라 사람(사회복지사)과 사람(주민)의 연결성에서 출발해야 한다. 지역사회에서 클라우드라고 할 수 있는 사회복지관을 기반으로 공공 영역에서 민간 시설로, 민간 시설에서 주민으로, 주민에서 다시 주민으로 이어지는 힘이 스마트 복지다. 나도 하루빨리 사회복지 4.0시대가 오길 진심으로 바란다. 사회복지 2.0 시대부터 잘 보내고 나서 말이다.

가깝고도 먼
사회복지의 미래

　사회복지사 문효광 씨는 출근하기 전에 아이의 등교 준비를 도와주면서 스마트폰으로 일과를 확인한다. 오늘은 마을에서 주민과 상담이 있는 날이다. 출근길에 들른 마을 근처 커피숍에 앉아, 복지관 업무 솔루션이 설치된 태블릿 PC를 이용해 업무를 시작한다. 팀원들과 컴퓨터 화면으로 회의 자료를 공유하며 실시간으로 영상 회의를 한다. 주민 상담은 가정을 방문하는 때도 있지만, 가벼운 상담은 커피숍에서 만나 이야기를 나눈다.

　아이가 하교할 시간이 가까워지면 잠시 하던 일을 멈춘다. 아이와 함께 집으로 돌아와 간식을 챙겨주고, 서재에서 컴퓨터를 켜고 오후에 상담한 내용을 정리한다. 퇴근 시간에 하루 업무를 정리해 복지관에 보고하고, 거실로 나가 아이와 시간을 보낸다.

먼 미래 이야기가 아니다. 정보 통신 기술이 발달함에 따라 스마트폰과 태블릿 PC 등 다양한 스마트 기기가 등장하면서 모바일 오피스 구축 붐이 인다. 그동안 공간적 개념으로 인식돼온 회사가 스마트 워크를 중심으로 새롭게 바뀌고 있다. 사무실 밖에서도 스마트폰과 태블릿 PC를 이용해 업무를 확인하고, 출근하지 않아도 집에서 노트북으로 업무를 처리하는 세상이다. 종이 서류 대신 이메일이나 업무 솔루션을 도입해 효율적으로 근무하는 기술이 상용화된 지 오래다. 시대의 거대한 파도 속에 사회복지도 예외일 수 없다. 현실에서 사회복지사 문효광 씨의 일과는 어떨까?

사회복지사가 마을에 나가 주민과 상담하는 건 일상적인 업무다. 그런데 업무의 시작과 끝은 마을이 아니다. 복지관으로 출근해서 최첨단 지문 인식 시스템에 출근 도장을 찍고 청소한다. 청소가 끝나면 업무 일지를 쓰고, 밀린 결재도 받는다. 결재가 한 번에 끝날 리 없다. 상사는 눈이 여덟 개나 달렸는지 오타를 찾는 데 귀신이다. 그렇게 문서를 수정하다 보면 오전이 후딱 지나간다.

오늘 예정된 상담을 해야 하니 출장 신청서를 내고 출장, 아니 상담을 나간다. 상담 내용은 올해 새로 받은 다이어리에 대충 옮겨 적는다. 사무실로 돌아와 어지럽게 메모한 상담 내용과 기억에 의존해 상담 일지를 작성한다. 상담 일지만 정리하고 퇴근하면 운이 좋은 날이다. 복지관에 돌아와도 여기저기서 오는 전화를 받고, 이용자를 응대하다 보면 퇴근 시간을 훌쩍

넘기기 일쑤다. 상담 일지를 쓰려면 야근이 불가피하다. 차라리 모두 돌아간 퇴근 시간 이후가 집중이 잘된다고 애써 자신을 위로한다.

21세기 하고도 20년이 지난 요즘 사회복지사의 모습이다. 어딘가 모르게 비효율적이다. 스마트하지 않다. TV에서는 4차 산업혁명을 부르짖는데, 사회복지사가 일하는 모습은 전기가 보급된 2차 산업혁명 때의 모습을 연상시킨다. 전혀 어색하지 않고, 지금까지 잘해왔으며, 앞으로도 바꿀 생각이 없다. 바꾸고 싶어도 여력이나 예산이 없다. 사회복지사에게 스마트 워크는 뜬구름 잡는 이야기다. 지난 10년 동안 기업은 스마트 워크를 경쟁적으로 도입한 데 반해, 공공 기관이나 사회복지 분야에서는 변화의 움직임이 더디기만 하다. 말 그대로 '복지' 부동이다. 과연 사회복지는 언제쯤 스마트해질까?

스마트 워크는 자유롭게 출근하고 장소에 구애받지 않고 업무를 보는 환경을 일컫는다. 일에 소홀하지 않으면서 가정생활도 충실할 수 있게 도와주는 게 스마트 워크의 힘이다. 사람들은 스마트 워크를 스마트폰 같은 최첨단 스마트 기기를 가지고 업무를 처리하는 것으로 오해하는 경우가 많다. 사회복지 업무에 스마트 워크를 도입한다고 하면 당장 스마트 워치와 태블릿 PC를 사야 하는 건 아닌지 주머니 사정이 신경 쓰인다.

스마트 워크가 단순히 돈을 들여 업무 공간의 변화를 꾀하는 게 아니다. 초고속 인터넷과 태블릿 PC를 활용한다고 해서 스마트

워크라고 말할 수 없다. 어쭙잖게 4차 산업혁명의 흐름에 편승해 사회복지도 빅데이터를 활용한다느니, 인공지능 센서를 도입해야 한다느니 했다간 가랑이가 찢어질지 모른다. 이는 스마트 워크가 아니라 워크-스마트다. 진정한 스마트 워크는 업무 처리 방식을 좀 더 똑똑하게, 효율적으로 개선하려는 노력부터 시작한다.

사회복지에서 스마트 워크도 여기서 출발해야 한다. 스마트 워크를 하고 싶다면 불필요한 과정을 없애고 효율적이고 창의적으로 업무를 수행하는 것부터 시작하자. 예를 들어 자율 출근 제도, 회의 시간 단축, 결재 프로세스 단순화 등 예산을 들이지 않아도 되는 실질적인 조직 문화 바꾸기. 이것이 스마트 워크의 대표적인 사례다.

그런데 이게 말처럼 쉽지 않다. 나도 스마트복지관을 운영하면서 진정한 스마트 워크를 도입하려고 자율적인 출퇴근과 장소에 구애받지 않는 업무를 시도했다. 한번은 같이 일하는 직원이 사업계획서를 바다가 보이는 카페에 나가 써보겠다고 했다. 그래, 여기는 스마트복지관이니까. 나는 쿨한 척 그러라고 허락했다. 시간이 얼마 지나지 않아 의심병이 도졌다. 직원이 일은 제대로 하는지, 어디서 농땡이를 치는 건 아닌지 불안했다. 연락하고 싶어도 꾹 참았다. 참 긴 하루였다.

어느 날 직원이 사무실에 출근하지 않고 마을로 나가 상담하고 온다고 했다. 난 또 멋진 척 그러라고 했다. 스마트복지관이니까. 어김없이 의심병이 도졌다. 늦잠을 자고 지각을 면하려고 거짓말한 건 아닌지, 상담하지 않고 어디 숨어 노는 건 아닌지…. 스마트

워크를 한답시고 업무 효율을 높이려다 내가 먼저 의심병에 걸려 죽을 판이었다.

그래도 스마트복지관을 운영하면서 절반 정도는 스마트하게 일했다고 생각한다. 직원들도 내 마음을 조금은 이해했는지 농땡이 덜 부리고 곧잘 따라줘서 남다른 성과도 얻었다. 시간이 좀 더 많았다면 완벽한 스마트 워크를 실현했으리라는 아쉬움이 남는다. 사람들은 스마트 워크의 본질을 찾고자 하는 나를 보고 너무 편하게 일하는 것 아니냐며 빈정대기도 했다. 틀린 말이 아니지만 의아했다. 굳이 힘들게 일하려고 스마트 워크를 하는 사람은 없을 것이기 때문이다.

한편으로 그들의 마음을 금방 이해할 수 있었다. 사회복지사가 불편을 감수하면서까지 복잡하고 불필요한 절차를 고집하는 건 서로 신뢰하지 않기 때문이다. 관리자가 부하 직원을 물가에 내놓은 아이처럼 믿지 못하고, 공무원이 민간 기관을 믿지 못하고, 국민이 공무원을 믿지 못하니까 벌어진 일이다. 사람의 말보다 잉크가 묻은 종이를 믿는 게 이 바닥의 현실이다.

사회복지가 스마트해지는 방법은 절대적인 신뢰다. 사람들은 자신이 자유롭지 못하고 비효율적으로 일하는 이유가 상급자나 공무원이 신뢰를 주지 않기 때문이라고 생각하는데, 이는 큰 잘못이다. 신뢰는 주는 게 아니라 받는 것이다. 직원이 어디서 일하든, 어떤 상황에도 책임을 다하고 그 이상의 성과를 낸다면 신뢰하지 않는 상급자가 어디 있겠나. 복지 기관이 투명하고 성실하게, 주민의 신뢰를 받고 일한다면 공무원이 힘들여 지도 점검과 평가를 반복할 필요가 있겠는가 말이다.

관리자와 부하 직원이 신뢰하면 출퇴근이 자유로울 수 있고, 공무원과 사회복지사가 신뢰하면 허례허식을 없앨 수 있다. 복지관과 지역사회가 신뢰하면 복지 서비스를 효율적으로 전달할 수 있다. 여기서 일방적인 신뢰가 아니라 쌍방이 신뢰하는 관계가 중요하다. 이것이 진정한 스마트 워크, 스마트 복지다. 스마트 복지는 신의를 바탕으로 이해 당사자가 신뢰하는 조직 문화 혁신에서 비롯된다는 걸 잊어선 안 된다. 이제 사회복지도 선택의 갈림길에 있다. 스마트 복지로 진화할지, 스스로 퇴화할지.

마치는 글

"주어진 대로 순응하고 살면 되지 뭐 그리 불만이 많아?"

"누구는 좋아서 그냥 사는 줄 알아? 먹고살려다 보니 참는 거야."

"넌 뭐가 그리 잘났는데? 모난 돌이 정 맞는 게 세상 이치야."

사회복지사 일을 하면서 가끔 들은 말이다. 처음에는 타고난 성격이거니 하면서 못 들은 척 넘어갔는데, 자꾸 듣다 보니 내가 정말 그런가 싶었다. 나 같은 사람을 흔히 염세적이라고 한다. 염세적이라는 말은 세상을 괴롭고 귀찮은 것으로 여겨 모든 일을 어둡고 부정적으로 본다는 뜻이다. 이 말이 나를 빗댄 것이라고 하면 쉽게 동의할 수 없다. 내가 염세적이라는 말은 반은 맞고 반은 틀리기 때문이다.

나는 세상살이가 괴롭다고 여기지만, 사는 게 귀찮지 않다. 겉보기와 달리 세상에 염증을 느끼거나 비관하지도 않는다. 오히려 암울한 현실에서도 어딘가 있을지 모를 지푸라기 같은 희망을 찾아 헤매는 낙천적인 사람이랄까…. 벌써 친구들의 잔소리가 들리는 듯하지만 이게 팩트다. 나는 내가 제일 잘 안다. 내 구차한 변명을 끝까지 들어주기 바란다.

사람들이 나더러 염세적인 사람이라고 빈정대도 기분이 상하거나 나쁘지 않다. 내게 그런 말을 할 사람이라면 가깝게 지낸 친구나 친분이 있는 지인일 것이기 때문이다. 염세적이란 말을 자주 듣다 보니 둔해진 건지, 자기 합리화가 심한 건지 모르지만, 사람들이 나에 대한 관심이 지나쳐서 걱정한 말이 아닐까 싶다. 같은 이유로 좀 더 비약하면 내가 염세적이라는 건 세상을 비난하거나 비관해서가 아니라, 애정과 관심이 지나쳐서 곧이곧대로 보지 않고 비판하는 정도다.

나는 독일의 철학자 쇼펜하우어Arthur Schopenhauer를 좋아한다. 염세적인 걸로 치면 쇼펜하우어를 따라갈 사람이 없을 것이다. "인생은 고통이다." 그의 철학을 가장 명료하게 드러내는 문장이다. 쇼펜하우어가 살던 때나 지금이나 대다수 사람이 공감하는 말이자, 경계하고 떨쳐버리고 싶은 말이다. 고통 속에 몸부림치며 살고 싶은 사람이 어디 있겠나. 그런데 쇼펜하우어는 인생은 고통이라는 생각에서 그치지 않고, 인생의 고통을 이해한 자만이 고통에서 벗어날 수 있다고 말한다. 그의 철학은 고통에 대한 인식에서 출발한다.

"세계는 나의 표상이다." 쇼펜하우어는 마지막 저서 《의지와 표상으로서의 세계Die Welt Wille und Vorstellung》에서 말한다. 눈앞에 펼쳐진 세계를 그 자체로 보는 것이 아니라 세계에 대한 나의 표상으로 간주한다. 인간의 이성은 두뇌 현상일 뿐, 우리를 에워싼 세계는 개인의 주관적인 의지에 제약을 받는 표상에 불과하다. 그에 따르면 개인의 주관적 의지는 사물을 통해 다양하게 객관화되는데, 우리가 인지하는 세상은 그런 주관적 의지가 객관화된 표상일 뿐이다.

철학자는 쉬운 말을 어렵게 하는 재주가 있다. 세상은 내가 보고 싶은 대로 보인다는 말 아닌가. 내가 좋게 생각하면 좋은 세상이고, 나쁘게 생각하면 나쁜 세상이 된다. 내 의지가 변하면 세상이 달라진다는 말도 된다. 인생은 고통인데 모든 인간은 살고자 발버둥 치고, 오래 살기를 바란다. 이는 인간의 삶에 대한 본능이다. 그런데 삶이 고통인 이상 살려는 본능적 의지는 고통에서 벗어나지 못하게 하는 원인이 된다.

쇼펜하우어는 삶이 고통일 수밖에 없는 것은 삶에 대한 '맹목적 의지' 때문이라고 강조한다. 숨이 막히면 숨을 쉬고, 배가 고프면 밥을 먹고, 잠이 오면 자고, 눈에 먼지가 들어가면 눈물을 흘리는 게 자연스럽다는 말이다. 이것이 인간의 육체가 가진 맹목적인 삶의 의지다. 쇼펜하우어는 "우리를 구원할 수 있는 건 자신의 의지뿐"이라며, 삶의 고통에서 벗어나려면 살고자 하는 맹목적 의지를 버리라고 가르친다. 자신의 의지가 구원의 열쇠임에도 포기해야 한다는 논리는 철학자가 아닌 이상 이해하기 어렵다. 그의 말대로라면 사람이 살고자 하는 의지를 버린다는 건 죽으라는 말인가? 결론이 그렇다면 쇼펜하우어는 지금까지 위대한 철학자로 칭송받지 못했을 것이다.

쇼펜하우어가 말한 포기의 대상은 생존만을 위한 맹목적 의지다. 인간의 삶에 대한 의지는 맹목적이고 무의식적이다. 인간은 맹목적인 삶의 의지에 기대어 가능하면 쉽고 빠른 길을 찾으려고 한다. 고대 로마 철학자 세네카Lucius Annaeus Seneca는 "인간은 원하는 것을 할 수 있지만, 원하는 것을 원하지 않을 순 없다"라고 했다. 원하는 것을 거부할 수 없는 게 나약한 인간의 본모습이라는 말이다. 쇼펜하우어는 달랐다. "원하는 것을 원하지 않을 수 있다." 즉 인간은 본질로서 원하는 마음을 거부할 의지가 있다. 그리고 원하는 것을 원하지 않는 의지로 고통인 삶에서 진정한 구원을 얻을 수 있다고 믿었다.

내가 하고 싶은 말은 이거다. 염세주의 철학은 주어진 현실을 당당히 거부할 수 있는 의지다. 세상에 염증을 느끼고 삶을 비관하고 포기하는 게 아니라, 비판적인 시선으로 세상을 통찰하고 진리를 향해 다가가는 삶의 태도다. 내가 사회복지 일을 두 번이나 그만둔 것도 같은 맥락이다. 사회복지사로서 삶의 고통에서 벗어나고자 주어진 현실을 거부할 순수 의지였다고 할까. 생존을 위한 맹목적인 의지뿐이었다면 지금쯤 나는 어느 복지관에서 일하며 잘살고 있을 것이다. 마흔이 넘어 새 직장을 찾아 헤매는 일도 없었을 것이다.

사회복지는 고통의 연속인 삶에서 한 줄기 희망이다. 그런데 사회복지사의 삶이 고통이라는 건 정말 아이러니한 일이다. 같은 사회복지사라도 삶의 고통은 각자 다르다. 신입 직원일 때의 고통과 관리자가 됐을 때의 고통은 다르다. 고통의 원인이 사람이라면 신입 직원은 관리자가 고통일 테고, 관리자가 되면 신입 직원이나 담당 공무원이 고통일 수도 있다. 하지만 주관의 끝에는 항상 객관이 존재한다. 갓 사회복지 일을 시작한 사회복지사든, 사회복지 조직에서 관리자가 된 사회복지사든 주관적으로 인식하는 사회복지의 표상은 다르지만, 객관화된 사회복지의 현실은 같다.

지금 우리가 표상으로 마주하는 객관적인 사회복지의 현실은 어떤가? 정치인의 사회복지, 공무원의 사회복지, 사회복지사의 사회복지, 시민의 사회복지…. 표상으로서 사회복지는 각자 의지에 따라 주관적으로 다르게 인식된다. 그리고 각자 위치와 역할, 책임과 의무, 권한과 권력에 따른 주관적 사회복지는 어느새 객관화된 표상으로 우리 앞에 있다. 사회복지에도 진리가 있다면 본래 하나일 텐데, 사람들이 주관적인 의지로 진리를 왜곡·정당화하거나 침묵으로 외면하는 현실이 내게 가장 큰 고통이었다. 그 고통 속에 맹목적으로 살아가는 나 자신이 너무나 부끄러웠다. 지금까지 내가 글을 쓴 가장 큰 힘은 이런 자격지심인데, 나이가 들어서인지 부끄러움마저 잃어가는 듯 현실에 무감각해진다.

괴테Johann Wolfgang von Goethe는 《파우스트Faust》에서 "인간은 노력하는 한 방황한다"라고 했다. 인간은 고통에서 벗어나려고 노력하지만, 고통 속에도 어떻게든 살아보려고 노력한다. 약혼자가 있는 로테를 사랑하면서 방황하는 젊은 베르테르와 복잡한 사회복지 현실에서 하루하루 노력하며 살아가는 사회복지사의 모습이 겹쳐진다. 이룰 수 없는 사랑에 집착하면 결말은 비극이 되고 만다. 사회복지사가 사회복지의 진리를 찾아 방황하는 노력은 당연한 듯 보이지만, 어설픈 희망 고문에 있는지 없는지도 모르는 진리를 찾다가 사회복지사의 삶도 비극으로 끝날까 두렵다.

쇼펜하우어가 살아 있다면 지금 우리가 표상하는 사회복지의 세계를 보고 무슨 말을 해줄지 궁금하다. 사회복지 일을 두 번째 그만두고 가족과 함께 프랑크푸르트Frankfurt에 갔을 때, 그의 무덤에 국화꽃 한 송이 헌화하지 못한 게 아쉽다.

참고 문헌

논문

김선욱, 〈악의 평범성 다시 들여다보기〉, 경희대학교 대학원보, 2020.

김영종, 〈우리나라 사회복지 전달 체계와 담론적 작용〉,《한국사회복지학》, 2017.

김영종, 〈한국 사회복지관의 제도적 정체성 규명에 관한 연구〉,《한국사회복지행정학》, 17권 3호, 2015, pp. 27~56.

노길명, 〈종교 사회복지의 성격과 과제〉,《Asian Journal of Religion and Society》, 1권 1호, 2010, pp. 191~215.

류진석, 〈지역사회의 개념과 지역사회 복지 모델〉,《장애와 고용》, 7권 3호, 1997, pp. 50~56.

신광영, 〈현대 한국의 복지 정치와 복지 담론〉,《경제와 사회》, 2012, pp. 39~66.

신창균, 〈CSR과 CSV〉, 한국기업지배구조원, 2019.

양난주, 〈사회복지관의 역할 정체성을 찾아서〉,《한국사회복지정책학회》,

2015.

전명수, 〈종교 사회복지 담론의 재고찰〉,《종교문화연구》, 2013.

정성재, 〈우리나라 기업의 사회 공헌 활동 유형 분류 및 내용 분석—1999~2007년 사례를 중심으로〉, 고려대학교 경영정보대학원, 2008.

정진경, 〈사회복지와 기업 사회 공헌의 정당성, 그 균형점을 찾아서〉, 참여연대, 2006.

최재성, 〈사회복지 서비스 공급자의 다양화 과정과 비영리 민간 사회복지 조직의 정체성—1990년대 후반 이후 사회복지 조직 환경의 변화를 중심으로〉,《한국사회복지행정학회 학술대회 자료집》, 2019.

한국사회복지사협회,《2018 사회복지사 통계연감》, 2018.

한국사회복지사협회,《사회복지사 보수교육 운영 실태 및 개선 방안 연구》, 2018.

한동우, 〈우리나라 기업 사회 공헌 활동의 현황과 과제〉,《월간 복지동향》, 2006.

단행본

강영계 외,《철학의 시대 : 사유에는 힘이 있다》, 해냄출판사, 2013.

김상욱,《김상욱의 과학 공부》, 동아시아, 2020, p. 132.

김선희,《쇼펜하우어&니체 : 철학자가 눈물을 흘릴 때》, 김영사, 2011, pp. 51~60.

김성균 · 이창언,《함께 만드는 마을, 함께 누리는 삶》, 지식의날개, 2015.

김영종,《사회복지 조사 방법론》, 학지사, 2007, pp. 18~21.

도메 다쿠오, 우경봉 옮김,《지금 애덤 스미스를 다시 읽는다》, 동아시아,

2010, pp. 69~72.

마이클 센델, 이창신 옮김, 《정의란 무엇인가》, 김영사, 2010.

송진영, 《사회복지 자료 분석》, 지식공동체, 2018, p. 20.

신형철, 《슬픔을 공부하는 슬픔》, 한겨레출판사, 2018.

오가와 히토시, 김영주 옮김, 《애덤 스미스, 인간의 본질》, 이노다임북스, 2014.

유발 하라리, 조현욱 옮김, 《사피엔스》, 김영사, 2015.

이동용, 《쇼펜하우어, 돌이 별이 되는 철학》, 동녘, 2014, pp. 21~24, 88~106.

이재규, 《무엇이 당신을 만드는가》, 위즈덤하우스, 2010.

한국철학사상연구회, 《철학자의 서재》, 알렙, 2011.

한국철학사상연구회, 《철학자의 서재 2 : 오래된 책 위험한 책 희망의 책》, 알렙, 2012.

한국철학사상연구회, 《철학자의 서재 3 : 세상의 붕괴에 대처하는 우리들의 자세》, 알렙, 2014.

후지사와 고노스케, 유진상 옮김, 《철학의 즐거움》, 휘닉스드림, 2011.

기사

동아일보, 〈심규선 칼럼—기부, 꼭 추운 겨울에만 해야 하나〉, 2016년 1월 25일, https://www.donga.com/news/List/Series_70040100000138/article/all/20160125/76105877/1.

매일경제, 〈유재웅 교수의 위기관리 특강—매뉴얼의 함정〉, 2015년 3월 2일, https://www.mk.co.kr/news/business/view/2015/03/195940/.

ㅍㅍㅅㅅ, 〈일본이 왜 저럴까 : 첫째도, 둘째도, 셋째도 매뉴얼〉, 2019년 7월 31일, https://ppss.kr/archives/200374.

한국일보, 〈거짓말을 읽어드립니다―디지털 시대의 사진, 아름답지만 교활한 그 이중성〉, 2016년 12월 25일, https://www.hankookilbo.com/News/Read/201612251538937140.

사화복지사가
꿈꾸는
사화복지

●

펴낸날 | 초판 1쇄 2021년 11월 25일

지은이 | 송장희

만들어 펴낸이 | 정우진 강진영 김지영

펴낸곳 | 도서출판 황소걸음

디자인 | 홍시 happyfish70@hanmail.net

등록 | 제22-243호(2000년 9월 18일)

주소 | 서울시 마포구 토정로 222 한국출판콘텐츠센터 420호

편집부 | 02-3272-8863

영업부 | 02-3272-8865

팩스 | 02-717-7725

이메일 | bullsbook@hanmail.net / bullsbook@naver.com

ISBN | 979-11-86821-65-7 03330